KB199411

양계장에 갇힌 사람들

양계장에 갇힌 사람들

다수결의 함정에 빠진 세상

초 판 1쇄 2025년 05월 19일

지은이 차근태
펴낸이 류종렬

펴낸곳 미다스북스
본부장 임종익
편집장 이다경, 김가영
디자인 윤가희, 임인영
책임진행 김요섭, 이예나, 안채원, 김은진, 장민주

등록 2001년 3월 21일 제2001-000040호
주소 서울시 마포구 양화로 133 서교타워 711호
전화 02) 322-7802~3
팩스 02) 6007-1845
블로그 http://blog.naver.com/midasbooks
전자주소 midasbooks@hanmail.net
페이스북 https://www.facebook.com/midasbooks425
인스타그램 https://www.instagram.com/midasbooks

ⓒ 차근태, 미다스북스 2025, *Printed in Korea.*

ISBN 979-11-7355-235-9 03340

값 22,000원

미다스북스는 다음세대에게 필요한 지혜와 교양을 생각합니다.

다 수 결 의 함 정 에 빠 진 세 상

MAJORITY
양계장에 갇힌 사람들

차근태 지음

미다스북스

목차

들어가다

　대한민국 국민 중에서 남성에게 가장 기억에 남는 사건 중의 하나를 꼽으라면 단연코 입영을 말하지 않을까? 많은 사람이 가장 들어가기 싫어하는 곳이 군대라는 곳이기도 하지만 반면에 가장 오랫동안 기억하고 이야기의 소재가 되는 게 군대 생활이 아닐까? 물론 대부분 사람이 싫어하는 군대의 병영생활이지만, 대한민국 국민이라면 당연히 거쳐야 할 국방의 의무이기에 어떤 이들은 자진해서 더 가혹한 훈련을 받는 해병대나 특수부대 등을 지원하여 남자로서의 씩씩한 기백을 보이고 싶어 하기도 한다. 그렇지만 당연한 의무가 아니라면, 자신의 의지와는 상관없이 통제받고 자신이 가고 싶은 곳이 있다고 마음대로 갈 수도 없고, 자신이 선택한 계획이 아니라 정해진 규칙에 무조건 따라야 하는 그런 갇힌 곳에서 생활하고 싶은 사람은 아마도 없을 것이다.

　그래서 짧은 기간이지만 국방의 의무였기에 반드시 보내야 했던 군대의 병영생활이 오히려 지나고 보면 일생 중에 가장 색다르고 특별한 경험으로 오랫동안 기억에 남고 특별한 이야기의 소재가 될 수 있을 것이다. 그러나 그런 생활이 정해진 기간 그것도 몇 년이 아니라 평생을 그런 통제를 받고 자신의 선택이나 의지와는 상관없이 살아야 한다면, 과연 그런 생활을 견뎌낼 수 있는 사람은 얼마나 될까? 만약에 그런 상황을 안다면 과연 자진해서 들어갈 사람이 있을까?

우리 사회에서 그런 곳이 있다면 공동사회의 규칙인 법을 위반하거나 일반적인 윤리에 어긋나는 사회의 악이라고 할 수 있는 범죄를 저지른 사람들을 수용하여 구금하면서 교화 또는 교정을 하는 장소인 교도소가 있다. 우리 중에 그런 교도소에 들어가고 싶어 하는 사람은 아무도 없을 것이다. 인간들은 자유를 박탈당하고 구속받으며 자신이 선택할 권리가 없는 세상을 아무도 좋아하지 않는다.

동물은 그런 생활을 좋아할까? 동물을 크게 나눈다면 야생의 동물과 인간과 가까이 지내면서 인간에 의해 길들여진 가축으로 나눌 수 있다. 가축은 인간의 보호를 받지만, 인간의 도움 없이는 자연환경에서 생존이 불가능한 동물이다. 가축은 생존을 위해 몸부림을 칠 필요는 없겠지만 인간이라는 존재에 의하여 구속받고, 때로는 자신의 생명마저도 사육하는 인간에 의하여 결정된다. 먹이마저도 스스로 선택의 권한이 없다. 다만 인간의 의도에 따라 어쩌면 처방된 먹이만을 먹고, 자신의 삶이 아니라 인간을 위한 삶을 살면서 본능마저도 무시되고, 평생을 자유롭지 못한 환경에서 통제받다가 생을 마감한다.

국방의 의무로 군대라는 통제받는 특수한 환경에서 만난 불빛은 통제받는 답답함에 많은 위로가 되었다. 하지만 그 불빛이 닭의 본능을 잃게 하는 양계장의 조명이라는 사실을 알게 되었다. 세상에는 우리가 눈으로 보는 것과 본질이 다른 것이 많다는 사실을 깨우쳤다. 길을 가다가 우리에게 해를 끼치는 동물이 아닌 연약한 동물들을 보면, 누구나 한 번쯤 먹이를 주고 싶은 것이 인간의 본성이다. 그런데 해외에서는 야생동물에게 먹이를 주면 처벌한다는 섬뜩한 경고문을 심심치 않게 볼 수가 있다. 도대체 왜 그럴까? 아마도 인간이 주는 먹이에 길들여진 야생동물이라면 스스로 먹이를 찾는 방법을 잊어버려, 결국 인간이 주는 먹이가 아니라면 삶을 유지하기 어려운 상황이 되는 것을 막으려는 의도일 것이다.

우리 주변에서 인간에 의하여 길들여져 스스로 살아갈 능력을 잃어버리고, 인간에게 의존하여 살 수밖에 없는 연약한 존재로 전락하게 된 동물이 바로 가축이다. 그 가축은 자신의 먹이, 삶의 환경 그리고 자신의 생명마저도 선택할 수 있는 권한이 없다. 먹이를 스스로 구하는 능력을 잃고 인간에게 의존하는 순간, 반대급부로 인간에 의하여 지배받고 인간에 의해 모든 것이 결정된다. 종국에는 자신의 생명마저도 인간에 의해 결정되는 불쌍한 존재가 되는 것이다. 그런 가축 중에서도 양계장의 닭은 전등 불빛 아래서 밤낮을 구분 못하고 평생을 알만 낳다가 결국 그 육신마저도 인간의 먹거리로 희생된다.

이런 가축이 인간에 의해 길들여지기 전에는 분명히 야생에서 스스로 삶을 개척해야 하는 힘든 상황 속에서 살아온 것이 분명하다. 하지만 자유로운 삶과 비교한다면 가축으로 사는 삶이 과연 행복하다 할 수가 있을까?

그렇다면 인간은 길들여지지 않을까? 우리 대한민국에서도 국민의 생활이 정말로 많이 변하였다. 동사무소라 불리는 곳이 행정복지센터라는 이름으로 바뀐 것처럼, 삶의 현장 곳곳에서 쉽게 접하는 말이 '복지'이다. 복지는 국민으로서 인간다운 삶을 영위할 수 있도록 지원한다는 좋은 취지이다. 그런데 이를 활용하여 무차별적으로 지원하려는 정치인의 공약이 남발하고 있다. 복지정책이 꼭 필요하다는 것이 사실임에는 분명하다. 하지만 명백히 알아야 할 것은 야생동물이 가축이 되는 과정처럼, 복지가 동물의 먹이와 같은 역할을 하고 있다는 점이다.

인간의 존엄성과 가치를 생각한다면 누구든 차별받지 않고 동등한 삶을 보장받는 것이 당연하다. 하지만 세상 어느 곳에서도 모든 인간이 똑같은 삶을 보장받을 수 있는 곳은 없다. 다만 출발점이라고 할 수 있는 기본적 여건인 자산, 지식, 능력, 교육, 건강, 신체와 정신상태 등의 차별적인 요인을 해소하여 가능하면 비슷한 출발점에 서도록 하는 복지정책이 되어야 할 것이다.

하지만 성숙하지 못한 사회일수록 복지지원방안 중에서 보편적 지원책을 선호하는 경우가 많다. 안타깝게도 우리의 대한민국도 차별적 지원과 보편적 지원의 갈림길에서 국민들은 보편적 지원을 선택하였다. 초등학교에서 시작된 무상급식은 중고등학교에서 이제는 대학생들의 아침밥 지원까지 하고 있다. 결국은 보편적 지원은 계속해서 확대되고 있다. 이렇게 보편적 무상 정책이 확대되기만 한다면 우리도 길들여진 양계장의 닭과 같은 길을 가는 것과 다름이 없다.

이번 기회에 모두가 함께 생각해 보자. 이제는 복지지원방안 중에서도 차별적인 지원으로 자유를 누리면서 최소한의 삶을 보장받을 수 있는 사회로 성장하여, 양계장으로 들어가는 걸음을 멈추어야 한다. 그리고 세상 모든 사람이 양계장이 아닌 자유를 선택할 수 있는 삶을 누리기를 바라는 마음에서 이 글을 쓴다.

MAJORITY

1부

태양을 잊어가는 닭

복지와 공짜에 익숙한 사람들

"동물이 가축이 되는 것은 야생의 능력을 잃어 선택의 권한이
없기 때문이다. 보편적 무상지원책은 사람들을 길들인다."

양계장

"

양계장 주인이 되고 싶어 하는 정치인을 구별하는 능력을 키워야 한다.

"

사람들은 누구나 화려하고 밝으며 아름다운 곳을 좋아한다. 나 또한 그런 사람 중의 한 사람이다. 어둠이 내리면 풀벌레의 울음소리와 이름 모를 새소리, 그리고 무슨 말인지 알아들을 수 없는 웅웅거리는 소리의 대남방송이 시작된다. 무거운 적막이 땅에 내리는 그 시간이 되면, 마음마저 무겁게 내려앉는다. 모두가 곤히 잠든 시간, 그런 시간에 일어나 군장을 꾸리고 경계근무를 위해 나서는 것은 누구에게나 힘들고 고통스러운 시간이 아닐 수가 없다. 하지만 그런 고통스러운 시간 속에서 나만의 기쁨을 누릴 방법이 생겼으니, 오히려 야간 경계근무가 기대되고 기다려졌다.

　북한과의 접경 지역인 강원도 양구는 대암산을 중심으로 6.25 동란의 격전지 중의 하나인 펀치볼[1]이 있으며, 월북을 유혹하는 북한의 삐라[2]가 여기저기 흩어져 있다. 밤이 되면 대남방송이 시작되는 곳이기에 주둔하고 있는 많은 군부대는 등화관제를 필수적으로 시행해야 하는 지역이다.

　이곳에서는 달빛과 별빛 이외는 빛을 본다는 것은 쉽지 않다. 물론 가끔은 반딧불이가 날아가거나, 누구의 무덤인지 알 수 없는 곳에서 발하는 인광으로 놀라기도 하지만, 그런 곳에서 밝고 환한 빛을 본다는 것은 나에게 말할 수 없는 기쁨을 주었다. 그 빛은 나에게 희망과 상상의 빛으로 힘들고 고통스러

1　강원도 양구에 위치한 해안분지의 지형으로 6.25 당시 고지 점령을 위해 치열한 전투가 벌어진 곳.
2　선전이나 광고 또는 선동하는 글이 담긴 종이 쪽지.

운 야간 경계의 시간이 상상의 나래를 펴는 즐거운 시간으로 변모할 수 있었다. 특히 대공초소의 야간근무는 특별했다. 대공초소는 적의 항공기 침투를 대비해 경계를 서는 곳으로 사방을 환히 내려다볼 수 있다. 다른 곳에서는 보기 힘들지만, 대공초소에서 야간 경계를 서다가 저 멀리 마을에서 환하게 빛을 밝힌 불빛을 발견했다. 내 마음속으로 그 빛을 바라보면서 상상의 나래를 펴는 시간이 되었으니, 대공초소 야간근무는 기다려지는 시간이 되어 갔다.

알 수 없는 곳에서 나오는 환한 빛을 보면서 때로는 휴가를 나가 야간 기차를 타고 가족을 만나러 가는 장면을 상상하기도 했다. 때로는 친구들과 어울려 술자리를 갖는 흥겨운 불빛을 꿈꿨다. 때로는 아름다운 여자 친구와 사랑스러운 이야기를 나누는 카페의 아름다운 불빛을 떠올렸다. 클럽의 화려한 불빛에서 신나게 몸을 흔들며 춤을 추는 나의 모습을 그리기도 했다.

그러던 나에게 대공초소의 근무가 더 이상 기다려지는 시간이 아닌, 고통의 시간으로 가능하면 피하고 싶은 곳이 된 계기가 있었다. 바로 그 불빛의 장소가 무엇을 하는 곳인지 알게 된 것이다. 그렇게 궁금하던 장소가 도대체 무엇 하는 곳인지 훈련 차, 의문의 건물이 있는 마을을 지나가면서 물어보았다. 그곳은 다름 아닌 양계장이며, 밤에도 불을 켜 놓는 이유가 닭들이 밤낮을 구분 못하도록 하여 더 많은 알을 낳기 위한 것이란다. 나를 화려하고 기쁘고 즐거운 상상의 시간으로 이끌었던 그 불빛이 닭들에게는 잠을 자지 못하는 고통을 주는 불빛이었다니…. 그날 이후로 가능하면 그 건물의 불빛을 보고 싶은 마음이 없어졌다.

우리는 지금 민주주의 사회에 살고 있다. 민주주의의 대원칙 중의 하나인 다수결의 원칙이 어쩌면 오히려 민주주의의 발전을 저해하고 있다. 구성원의 다수가 어떤 사람이냐에 따라 민주주의의 원칙에 따른 결정이 절대 옳지 않다는 것이다. 특히, 많은 정치인 중에는 지도자가 아니라 양계장 주인이 되고자 하는 옳지 않은 정치인들이 많다. 한번 양계장에 들어간 닭들은 자유로운 삶을 영위하는 야생의 닭으로 돌아가기 쉽지 않다.

우리는 벌써 양계장 주인이 되어 국민의 삶을 양계장 닭처럼 부려 먹으려는 전제주의 국가의 독재자들을 수없이 많이 보았다. 특히, 우리의 자유를 침탈하기 위해 전쟁을 일으켰던 북한의 독재자가 있다. 그런데 아직도 그들을 추종하고 그들에게 우호적인 이들이 우리 사회에 많다. 이것은 아직도 양계장의 화려한 불빛만 볼 줄 알았지, 그 불빛이 정작 왜 밤을 밝히고 있는지는 알지 못하고 그 불빛을 선전하고 있는 사람들이 많다는 것이다.

만일에 양계장의 닭들에게 선거를 통하여 자유로운 삶을 영위할 수 있는 기회를 준다고 한다면 과연 다수의 닭은 자유로운 삶을 선택할 것인가? 아마도 다수는 양계장에 그대로 있겠다고 자신의 표를 던질 것이다. 우리는 세계의 좌파 국가에서 이런 선거 결과를 많이 봐 왔기에 그 결과는 짐작할 수 있을 것이다. 그럼 왜 이런 결과가 나올까? 양계장 주인이 되고 싶어 하는 정치인 주변에는 언제나 동업자들이 있기 때문이다. 북한의 평양에 거주하는 이들은 그들의 지식과 능력을 바쳐서 인민들을 통제하는데 열과 성을 다한다. 그리고 양계장 주인이 될 가능성이 있는 자에게 빌붙어 권력의 혜택을 보고자 하는 이들이 언제나 양계장을 선전하고 양계장의 불빛을 파티를 위한 불빛이라고 과장하지 않을까! 거기에 또 하나의 사람들이 있다. 이른바 위원회라는 이름으로 완장을 찬 사람들이다. 순박하지만 완전하지 않은 지식으로 사려 깊지 않은 생각에 사로잡혀 조폭의 행동 대원처럼 공격의 최일선에서 움직이는 사람들이다. 자신이 세상을 위해서 무언가 거창한 일을 하고 나름대로 의미 있는 일을 한다고 생각한다. 하지만 이미 때가 지난 뒤에서야 본인이 이용만 당한 사실을 알고는 후회하게 된다.

물론, 이들 중에는 깨우치지 못하고 결국 목숨까지 바치거나 죽을 때까지도 자기의 신념이 옳다는 착각 속에 생을 마감하는 사람들도 있다. 우리가 인민위원회라는 조직의 병폐를 6.25 동란에 당해 보았듯이 이들은 정당한 절차나 법보다는 다수를 선동하여 다수가 동의한다는 분위기를 조장하여, 다수의힘으로 법집행을 강제하였다. 그리고 생각의 깊이가 있거나 올바른 소리를낼 수 있는 지식인이나 지도층의 인사들이 의견을 제시하지 못하도록 여론을조성하는 목적으로 이용되는 사람들이다.

양계장 주인이 가장 두려워하는 것이 있다면 자유를 경험해 본 닭이나 지식이 있는 닭이다. 이들은 양계장의 불빛의 진실을 알기 때문에 행여나 다른닭들에게 그 진실을 말하는 것이 두려운 것이다. 하지만 어리석은 양계장의닭들은 다양한 의견을 듣고 자기 생각의 폭을 넓히려는 생각을 하지 않는다.단순히 눈앞에 보이는 이익에 치중하여 양계장 주인이 '맹수로부터 보호해주고 먹을 것도 주고 파티를 위해 멋진 불도 켜 주는데 당연히 양계장에 있어야 하지 않겠어?'라고 말하면, 그것이 진실이라고 믿는다.

어쩌면 우리도 양계장 닭들과 다르지 않을지도 모른다.

한때 카톡방마다 유행했던 말이 떠오른다. '정치 얘기하지 마.' 아니 자신의미래를 양계장 주인에게 맡길지 자유를 누리는 야생의 닭이 될 것인지 결정하는데, 서로 소통하여 옳고 그름의 평가도 없이 알아서 마음에 드는 정치인 그냥 찍으라는 말이랑 뭐가 다를까? 이런 선거가 지속된다면 우리의 미래는 양계장 속에서 닭이 되어 영원히 벗어날 수 없는 양계장 닭으로 전락할 것이다.

그래서 그동안의 경험과 생각을 바탕으로 함께 생각을 공유하고자 이 글을 쓰게 되었다.

부디 나처럼 양계장의 불빛을 화려한 파티의 불빛으로 착각하는 사람이 없기를 바라면서,

이승복이 '나는 공산당이 싫어요.'라고 외쳤던 것처럼, 나는 이렇게 외치고 싶다.

'나는 양계장 닭이 되기 싫어요.'

흘리다

"

"민주주의를 제대로 지키기 위해서는 끊임없이 공부하고 소통하고
배우고 더 넓은 세계를 알아야만 하는 것이다."

"

남자는 눈물을 함부로 흘리지 않는다는 것이 우리 사회에서 통념이다. 그런데 높은 지위에 있는 사람이 아랫사람들 앞에서 눈물을 흘린다면 어떤 생각이 들까? 나도 그 순간에는 그 눈물의 진정한 의미를 이해하지 못하는 사람 중의 한 사람이었다. 하지만 어른이 되어 가정을 꾸리고 부양의 의무를 진 한 가정의 가장이 되어서야 비로소 그때의 그 눈물의 의미를 이해했다.

  때는 1999년 12월 24일 크리스마스를 앞두고 6개월간의 합숙 교육 과정을 마치고 수료증을 수여하는 엘지 그룹의 교육연수원 인화원에서 축사를 하시는 안동훈 상무님께서 교육 수료생 33명을 앞에 두고 당부의 말씀을 하셨다.

  "여러분이 배운 지식을 활용하여 국가의 발전에 도움이 되는 사람이 되시기를 바랍니다. 1960년대에는 대학을 졸업하고도 기업이 없으니 마땅한 일자리가 없어 기껏해야 학교 선생님과 은행에서 일하는 것이 최고의 직장으로 생각하던 시절이 있었습니다. 여러분들의 선배 중에는 독일에 광부와 간호사로 가서 그 월급을 담보로 차관을 들여와 국가 발전의 기초를 만들었습니다. 그때 박정희 대통령 부부께서 독일을 방문하여 광부와 간호사를 만나 눈물의 바다를 이루었습니다."

  그러나 채 말을 잇지 못하시더니, 마치 박정희 대통령이 독일 현지에서 파견된 광부와 간호사를 만난 순간을 재현하시는 듯 하염없이 눈물을 흘리며 더 이상 축사를 이어가지 못하셨다. 아마 그 자리에 있었던 33명의 수료생 모두가 그 눈물의 의미를 잘 알지를 못했기에 공감도 이해도 할 수는 없었을 것이다. 그런데 내가 사업을 접고 나서 직장을 찾고자 만방으로 노력하면서 그 시절의 그 절박한 마음을 충분히 이해했다. 그때를 떠올리면 나도 모르게 눈에는 이슬이 맺힌다. 기대하지 않았던 일로 직장을 관두고 다시 직장을 찾는다는 것이 인터넷의 시대인 지금도 이렇게 힘든데, 대학을 나와 일자리가 없으니, 지금이라면 아무도 거들떠보지 않을 다른 나라의 광부나 간호사로 간다는 것이 쉽지는 않을 결정이었을 것이다.

그런데도 500명을 모집하는데 4만 6천 명이 지원했다고 한다. 그것도 고졸을 모집한다는데 대학을 졸업한 학력까지 속이고 이역만리 독일에서 광부를 하겠다고 지원했다고 한다. 지금 대한민국에서 일하고 있는 외국인 노동자와 같은 처지가 아니었을까! 더군다나 해외로 가면 언제 다시 만나 볼지 모르는 가족들의 입장도 안타까움이 있었을 것이다. 언어도 서툴고 문화도 잘 모르는 곳에서 광부나 간호사로 일한다는 자체가 얼마나 힘들었을까? 이역만리 독일에 국민을 광부와 간호사로 보내 놓고, 그들의 월급을 담보로 차관을 들여와 잘살아 보겠다고 발버둥 쳤던 박정희 대통령의 마음은 또 어땠을까! 가진 것이 아무것도 없는 가정에서 조그마한 사업이라도 해 보기 위해 대출받으려니 담보로 제공할 것이 없어서 자식을 대신 이역만리, 쉽게 만날 수 없는 곳으로 보내야 한다. 그리고 그 자식의 월급을 담보로 대출받아야 하는 가장이라면, 그런 자식을 만났을 때 기분은 어땠을까?

절박함과 막막한 절망감보다는 가족에 대한 사랑과 고마움에 잘 살아야겠다는 다짐이 더 크지 않았을까? 내가 이제 어른이 되어 가족을 거느리니, 그때 안동훈 상무님의 눈물과 박정희 대통령 눈물의 의미가 가슴에 와 닿으며 나도 모르게 눈물이 흐른다. 그렇게 어려운 상황에서 빌린 값진 차관으로 오늘의 대한민국을 만들어 준 박정희 대통령에게 감사할 따름이다.

그 시절 우리보다 잘 살았던 북한 그리고 필리핀 등 수많은 국가가 부러워하는 대한민국을 만들 수 있었던 것은, 술이나 먹고 노름이나 하여 가족들에게 피눈물을 흘리게 하였던 그런 나쁜 가장이 아니라, 잘 사는 가정을 만들어 가난에서 벗어나겠다는 좋은 가장이었기에 가능한 일이었다. 개인의 부를 축적하여 혼자만 잘 살겠다는 다른 국가의 지도자와는 달리, '내 무덤에 침을 뱉어라.'라는 말로 안목을 가지지 못한 국민을 신념을 가지고 이끌어 오늘의 대한민국을 만든 위대한 지도자가 자랑스러울 뿐이다.

그 시절 이역만리 떨어져 있는 가족들과 소식을 전하는 방법이라고는 전화, 소포, 편지 그리고 전보가 전부였다. 그런 시절에 자식을 멀고도 먼 해외로 떠나보내야 하는 부모의 마음과 먹고 살기 위해 일자리를 찾아 떠나야 하는 자식의 마음은 눈물을 흘리지 않고는 어떻게 표현할 수 있을까?

이미자의 〈모정〉이라는 노래를 들으면 그런 부모와 자식의 마음이 떠올라 가슴이 미어진다.

"눈물에 얼룩진 편지에다 부모님 오래오래 사시라고 간곡히도 이르더니 강물 같은 세월은 흘러만 가는데…."

"불효자식 기다리다 늙으신 어머니여 자식 걱정 한평생 그리움 안고 별나라 가셨네! 죄 많은 뉘우침을 천만번 굽으소서…."

지금이야 비행기를 타고 해외여행 한번 안 해 본 사람이 거의 없겠지만, 그 시절에는 국가를 대표하는 국적항공사가 없었다. 그뿐만 아니라 대통령마저도 독일 방문에 타고 갈 비행기가 없었다. 그래서 독일의 민간항공사인 루프트한자의 노선을 특별히 변경하여 홍콩과 방콕을 경유하여 독일까지 갔다고 한다. 이 얼마나 힘든 여정이었을까? 그 시절 일인당 국민소득이 1백 불에 불과하여, 아시아의 필리핀보다 낮았고 아프리카 가봉보다도 소득이 낮았다. 국민소득 3만 불 시대를 살고 있는 지금 우리는 그 당시와 비교하면 얼마나 잘살게 되었는가? 인화원 안동훈 상무님의 당부는 이런 어려움을 극복하고 오늘의 대한민국을 만든 선배들의 노고를 마음에 새겨서 이를 계승하여 대한민국을 더욱 발전시키라는 당부였다. 진심으로 이렇게 멋진 국가를 만들어 주신 선배님들이 감사할 따름이다.

눈물보다 더 진한 것이 피지만 피를 나눈 동족 간의 피를 흘리는 전쟁은 말로 다 할 수 없는 비참한 결과를 가져왔다. 전쟁의 결과로 우리는 아직도 남북으로 나누어져 우리의 생활에 많은 영향을 미치고 있다.

나의 부모님은 가야산 기슭의 깊은 골짜기에서 대를 이어 농사를 지으며 살아오신 분이었지만 전쟁은 삶의 방식 자체를 송두리째 바꾸었다. 1950년 8월 3일부터 9월 24일까지 성주군을 점령하고 지배하였던 인민군들은 인민위원회 체제를 수립하고, 경찰과 공무원을 비롯한 우익 인사들뿐만 아니라 그 가족들을 처형하였다. 그뿐만 아니라 전쟁 물자 운반에 필요한 노동력으로 동원하고 식량과 의복 등의 군수물자를 징발하였다.
유엔군의 인천상륙작전으로 인민군의 본대는 후퇴하였지만, 잔류한 인민군들은 산속으로 숨어들었다가 밤이면 산기슭의 마을로 내려와 식량을 약탈하거나 옷을 빼앗아 가고 노동력이 있는 사람들을 잡아갔다. 낮이 되면 경찰이 들이닥쳐 공비들을 도와주었다며 구타와 자백을 강요당하였으니 힘없는 국민의 고초는 이루 말로 표현할 수 없었다. 때로는 처형된 경찰 가족의 죽음에 대한 보복과 증오가 일상화되기도 하여 힘없는 국민들만 피눈물을 흘려야 했던 시절이 아니었던가. 나의 부모님도 결국 정든 고향을 떠나게 되었다. 동족 간의 전쟁으로 금화 전투에 참여한 작은 아버지는 아직 유해도 수습하지 못하여 이름 석 자 위패만 국립묘지에 모셔져 있다.

북한이 일으킨 동족 간의 전쟁으로 인하여 약 3백만 명의 민간인이 희생되었다. 그뿐만 아니라 사망한 한국군 138천 명, 유엔군 41천 명 그리고 실종 또는 포로 한국군 33천 명, 유엔군 10천 명에 달한다. 전쟁은 끝났지만, 북한은 지금까지 무수히 많은 대남 도발을 해 오고 있다.

창랑호 납북 사건
해군 당포함 격침 사건
1·21 사태
푸에블로호 피랍 사건
울진-삼척 무장공비 침투 사건
EC-121 격추 사건
대한항공 YS-11기 납북 사건
박정희 저격 미수 사건
휴전선 남침용 땅굴 발견 사건
헨더슨 소령 사건
판문점 도끼만행 사건
최은희·신상옥 납치 사건
아웅산 묘소 폭탄 테러

김포국제공항 폭탄 테러

대한항공 858편 폭파 사건

강릉 무장 공비침투 사건

화성 해안초소 K-2 소총 사취 사건

최정남·강연정 부부 간첩 사건

제1연평해전

북한의 1차 핵실험

제2연평해전

금강산 관광객 피살 사건

북한의 2차 핵실험

대청해전

천안함 피격 사건

연평도 포격전

북한의 3차 핵실험

DMZ 목함지뢰 매설 사건

서부전선 포격 사건

북한의 4차 핵실험

북한의 5차 핵실험

북한의 6차 핵실험

남북공동연락사무소 폭파 사건

서해 공무원 피살 사건

그리고 지금도 이어지는 핵과 미사일 실험들

이러한 많은 도발에도 불구하고 배상은커녕 사과 한번 제대로 받지 못하고 있다. 그동안 한민족 그리고 동족이라는 이유로 북한을 햇볕정책 등 수많은 명목으로 지원해 왔다. 그러면서 북한의 평화 의지를 믿어야 한다고 주장하는 국가지도자도 있었다. 또한 북한의 체제를 신봉하고 남한의 체제를 무너뜨리려는 세력들이 많아지고 있다. 우리는 참으로 이상한 나라가 아닌가! 원수를 사랑하라는 성경을 실천하려는 국민인가?

평화만을 외치는 정치인들의 주장은 양계장을 위협하는 늑대나 매에게 우리가 낳은 계란을 열심히 준다면 우리는 절대로 안 잡아먹을 것이니 그게 바로 평화라는 주장이랑 무엇이 다를까? 평화를 주장하는 정치인들을 지지하는 국민은 양계장의 화려한 불빛에만 도취하여 그 뒤에서는 어떤 일이 있을지도 생각 못 하는 양계장 닭과 같은 사람들이 아닌가?

중국 광저우에 출장을 갔을 때 통역을 담당한 여성을 통해 북한의 사정을 들을 수 있는 기회가 있었다. 광저우 방송의 저녁식사 초대가 있는 날, 호텔 앞에 대기하고 있던 기사와 동반 남자가 타고 있는 승합차의 뒷좌석 안쪽 자리에 타면서 호텔 로비에서 만난 통역에게 물었다.

'한국말을 너무 잘하시는데 한국말은 어디에서 배웠어요?'

나의 질문에 그녀는 아무렇지도 않은 표정으로 대답했다.

'내래 평양에서 왔시유.'

그 순간 나도 모르게 벌떡 일어나면서 머리칼이 쭈뼛 섰었다.
같은 동족이지만 북한 사람은 경계의 대상이면서 두려움의 존재이기에 일어난 에피소드[3]로, 그 순간 마음속으로는 납치되는 것이 아닌가 하는 걱정에

3   남에게 알려지지 않은 재미있는 이야기나 일화.

소스라치게 놀랄 수밖에 없었다. 평양에서 왔다는 통역을 담당한 그녀는 화교로서 이전의 자유가 있어 평양에서 고등학교까지 마치고 광저우에서 대학에 다녔으며, 남편 또한 신의주 출신의 화교라고 했다. 그녀의 가족이 평양을 떠나기 전인 1997년 이전에는 평양은 아름답고 살기 좋은 곳이었다고 한다. 고난의 행군이 시작되면서 겨울 추위에 난방을 할 방법이 없어서 나무로 만든 물건은 무엇이든지 땔감으로 사용하였단다. 도시는 점점 황폐해지고 식량부족에 사람들의 고통은 커져만 갔기에 그녀의 가족들은 중국으로 이주를 결심하게 되었고 그 이후에는 평양을 비롯하여 북한을 방문한 적이 없다고 한다.

아편전쟁[4]의 시발점이 된 주강의 유람선 위 식당에서 이 이야기들을 들었다. 주강은 소리 없이 흐르고 있었지만, 생각은 그 옛날의 역사로 거슬러 올라가 아편전쟁의 모습과 주강의 현재의 모습이 교차하고 있었다. 아편을 밀수한 영국을 물리칠 힘이 없어 영국의 무력에 굴복한 청나라가 불평등조약을 체결하고 오히려 배상으로 홍콩을 비롯한 5개 항을 개방하였던 것이다. 그리고 개항한 항구에 영국인의 거주를 허용하였다. 주강의 강 건너 외국인의 마을은 보통의 중국과는 다른 모습으로 이채롭기만 하였지만, 역사가 흘러가듯 강물은 하염없이 흘러가고만 있었다.

만약에 북한이 고난의 행군 시절에 우리가 햇볕정책이라는 명목으로 지원이 없었다면 어떤 결과가 있었을까? 아무도 이런 부분에 대한 평가가 없다. 그동안 한민족 동족이라는 점에만 주안점을 두고 지원해 왔다. 북한을 동족이라며 지원을 주장하는 많은 사람들은 일본에 관한 얘기만 나오면 왜 입에 거품을 물고 사과와 배상 그리고 반일을 주장하는 이유가 무엇일까?

---

4   19세기 중반에 무역에서 우위를 점하기 위해 대영제국이 아편을 밀수하다가 청나라와 치른 전쟁.

지금까지 북한이 일으킨 6.25 동란과 많은 도발로 인한 피해가 더 크지 않은가! 그런데도 북한에 대한 사과와 배상 요청은 들어보지를 못했다. 그들이 일으킨 전쟁으로 우리 국민뿐만 아니라 우리의 자유를 지키기 위하여 전 세계 3백만여 명의 젊은이들이 참전하여 17만여 명의 젊은이가 죽거나 실종되고 부상을 당하였다. 그런데 왜 그들의 희생을 기억하고 감사하는 일보다는 전쟁을 일으킨 사람들을 추종하고 그들을 지원해야 한다는 주장을 어떻게 받아들여야 할 것인가?

　물론 이웃 국가를 침략해서 힘으로 지배한 일본이 잘했다는 것은 아니다. 하지만 그렇게 힘이 없어서 나라를 잃은 우리의 잘못은 없는지, 그런 오명의 역사가 되풀이하지 않기 위해서는 어떻게 해야 할 것인지에 대하여 한 번이라도 제대로 교육하고, 우리의 잘못에 대해서 반성해 본 적은 있는가?

　잘못이 있다면 국가의 정책을 결정하고 국민을 잘살게 할 의무를 진 국왕과 신하들의 잘못이다. 힘없는 백성들이 일본의 지배를 받는 그런 상황에서 일본 이름을 가졌다고 친일주의자라고 주장한다. 이것은 일본의 우리 문화 말살 정책으로 국민은 의무적으로 일본 이름을 가져야 했다. 어려운 환경에서 자신의 노력으로 일본인들과 경쟁하여 당당하게 고시에 합격하고, 장교가 되고, 공직에 이름을 올렸기 때문에 친일주의자라고 주장한다. 그럼 아무런 노력도 하지 않고 이 눈치 저 눈치 요리조리 피하기만 한 사람들을 칭찬해야 할 것인가? 잘못을 했다면 일본인들의 앞잡이가 되어 선량한 국민을 괴롭힌 자들이 잘못한 것이다. 나라 잃은 서러움과 차별을 극복하고 일본인과 경쟁하여 당당히 이긴 사람들이 무슨 잘못이 있을까? 일제의 치하에서 일본인과 경쟁하여 성공한 것을 오히려 칭찬하는 게 당연하지 않을까? 양계장 속의 닭처럼 세상 물정 모르고 나만 괜찮으면 된다는 생각으로 아무런 노력을 하지 않은 이들을 잘했다고 할 수도 없지 않은가! 그나마 일본의 지배를 받으면서도 어렵게 공부하고 성공한 사람들이 있었기에 대한민국의 기초를 만들고, 자유를 지켜내고 발전시킬 수 있었다. 우리는 역사적 사실을 정확히 알아야 할 것이다.

그래서 선동이 위험한 것이다. 포퓰리즘의 선심성 정책의 달콤함에 빠져서 양계장에서 주는 모이를 좋아하고 양계장 주인이 제공하는 닭장이 좋다며, 정작 자신들은 양계장에 갇혀서 그 화려한 불빛 아래서 밤낮을 구분 못 하고 알만 놓아야 하는 처량한 신세가 되는 줄도 모른다. 쉽게 선동되는 사람들이 다수가 차지하는 국가라면 다수결의 선거라는 것이 얼마나 위험한 것일까? 그래서 민주주의를 제대로 지키기 위해서는 끊임없이 공부하고 소통하고 배우고 더 넓은 세계를 알아야만 하는 것이다.

부른다

원인을 제공한 자에 대한 판단은 없이 '민주'라는 이름이라면
폭력도 용인한다면 또 다른 폭력을 부를 것이다.

피는 피를 부른다고 한다. 전쟁이 두려운 이유는 서로가 서로를 죽이는 아비규환의 상황이기 때문일 것이다.

우리는 백의민족으로서 남의 나라를 침략하지 않은 것을 자부심으로 삼고 있다. 3.1일 독립운동을 자랑스럽게 여기는 이유 중의 하나는 비폭력 원칙을 지킨 독립운동이기 때문이다. 일본의 지배를 받던 시절에도 전쟁이라는 아비규환의 비참함을 국민 모두가 직접 경험해 보지는 못했다. 그런데 6.25 전쟁을 통해 같은 민족끼리 서로를 죽이고 내가 살아야 하는 고통의 상황을 맞이하게 된 것이다. 이런 전쟁을 일으킨 원흉인 괴뢰의 우두머리 김일성과 그의 아들, 그리고 그의 손자가 대를 이어 권력을 잡고 양계장의 주인이 되어 우리의 가족이자 형제였던 북한 동포들을 짐승처럼 부리고 있다. 그런데도 아직도 그들을 숭배하고 그들의 정책에 대해 찬양하고 있다는 사실은 뭔가 잘못된 것이 아닌가? 그들이 일으킨 전쟁이 아니었다면, 한민족인 우리가 서로를 죽여야 하는 비극을 맞이할 아무런 이유가 없다. 따지고 보면 제주도 4.3사건을 비롯하여 나의 부모님이 겪었던 고난들도 없었을 것이다.

누구에게나 고귀한 생명은 하나뿐이다. 그 생명을 지키기 위해서 피아[5]가 구분되지 않는 상태에서 발생할 수밖에 없는 전쟁은 특수한 상황이다. 물론,

---

5   저쪽과 이쪽이라는 뜻의 한자어로 적군과 아군을 말함.

나의 목숨을 지키기 위해 상대의 생명을 정당한 절차를 거치지 않고 빼앗는 행위 자체가 정당하다고 할 수는 없다. 하지만 전쟁이 아닌 평화의 시대에서도, 고의가 아닌 과실로 타인의 목숨을 앗아갈 수 있는 상황이 발생할 수 있다. 특히 전쟁 중에는 적을 명확히 구분할 수 없는 상황에서 오인을 할 수도 있다는 점은 인정해야 하지 않을까?

사실 벌해야 할 자들이 있다면, 그런 상황을 만든 원인 제공자들을 처벌해야 한다. 만일 당신이 그때 경찰이 되어 빨치산을 진압해야 하는 상황이었다면, 정확하게 빨치산만 찾아내어 그들을 처벌할 능력을 갖추고 있다고 생각할 수 있겠는가? 만약 빨치산을 정확히 제거하지 못한다면, 당신은 더 이상 이 세상 사람이 아닐 수도 있다. 그렇다면, 당신은 빨치산인지 여부를 확인하기 위해 자신의 목숨을 담보로 걸 수 있는가? 물론, 그러한 과정에서 희생당한 억울한 사람이나 그 가족들에게는 무어라 말할 수 없는 고통과 아픔이 있는 것은 사실이다.

하지만, 인간으로서 맞이하는 어쩔 수 없는 상황에서 자신의 생명을 지키기 위해 발버둥 치는 것은 인간의 당연한 본성일 것이다. 그런 상황에서 국가라는 울타리에서 더 많은 선량한 시민들의 목숨을 지키기 위해 자신의 생명을 걸고 책임을 완수한 사람들을 탓할 것이 아니라 그런 상황을 만든 원인을 제공한 사람들을 탓해야 하지 않을까?

우리가 지금 신성시하며 유공자들의 이름까지 밝히기 거부하고 있는 5.18 사태의 경우에도, 그런 사태를 진정시키기 위해 목숨을 걸고 진압에 나선 사람들을 탓할 것이 아니다. 비폭력이 아니라 폭력 사태를 야기한 원인이 무엇인지에 대한 명확한 역사적 평가가 필요한 것이다.

만일에 그런 소요 사태를 그대로 방치하였다면 어떤 결과가 있을지에 대한 시뮬레이션[6]을 통해, 소요 사태가 번져나가 더 많은 선량한 시민이 희생되고 더 큰 악몽이 닥칠 수 있었던 가능성도 판단해 봐야 할 것이다.

그런데 우리는 지금 원인 제공자에 대한 분석이나 판단은 하지 않고, 국가의 질서유지를 위해 제복을 입고 자신의 임무에 충실했던 사람들을 비판하고 비난한다. 그들이 마치 크나큰 죄를 저지른 것처럼 몰아가는 것이 맞는 일인지는 곰곰이 생각을 해 봐야 할 것이다.

또 다른 사례로, 1989년 5월 부산의 동의대학교에서 발생하였던 사건을 살펴보자. 입시 부정에 항의하던 동의대학교 학생들이 전투경찰 5명을 납치, 폭행하고 학내에 감금하였다. 이를 구출하려던 경찰관 7명이 화재와 추락으로 숨지고 경찰관 11명이 다치는 엄청난 참극이 발생했다.

2009년, 이 사건이 민주화 운동으로 공식 인정되었다. 폭력으로 원인 제공하였던 자들이 민주화 운동으로 국가에서 유공자로 보상받는 반면, 자신의 직무를 수행하다가 고귀한 생명을 잃은 경찰관과 그들의 가족들은 무슨 잘못을 했다는 것이며, 그들의 원통함을 누가 풀어 줄 수 있다는 것인가?

우리는 '민주'라는 이름을 붙이면 폭력도 용인되고 선량한 시민이 피해를 보아도 눈감아 주고 정작 그런 폭력의 주도한 사람들이 오히려 민주화 유공자로 칭송받고 국가에서 보상받으며, 가족들은 공무원 채용에 특별한 혜택까지 받는 이러한 제도 자체가 잘못된 것이 아닌가?

---

6   실제로 실행하기 어려운 과정을 간단히 행하는 모의실험.

또 다른 사례를 살펴보면, 지금은 정치인이 되어 국회의원이 되고 장관이 되기도 한 사람들이 과거에 우리의 우방인 미국의 문화원을 점거하거나 화염병을 만들어 방화하였다. 선량한 동료 학생을 프락치로 몰아 고문하여 죽음에 이르게 하였다. 이러한 활동들을 위한 자금 마련을 위해 돈 많은 사람들을 목표로 강도 행각을 벌이다가 선량하게 자기의 직무를 수행하는 직원을 다치게 하였다.

그런데도 지금은 민주투사라며 자신을 자랑스럽게 내세우며 국가와 민주주의를 위하여 뭔가 대단한 일을 한 것처럼 말하고 있다. 과연 그들이 한 일이 민주주의 국가에서 용인될 수 있는 일인지, 그러한 폭력 행위를 한 자체를 민주투사라고 칭할 수 있는지는 이제 우리 국민은 곰곰이 되새겨 보아야 할 것이다.

오히려 우리의 자유민주주의를 지키기 위하여 178만 명이 참전하여 3만 4천여 명의 전사자 9만 명의 부상자, 4천여 명의 실종자, 그리고 4천여 명이 포로가 되었던 우방국인 미국의 문화원이나 대사관을 점거하거나 방화가 정당하다 할 수 있는 일인가? 우리의 평화를 수호하기 위해 피를 흘린 우방국들에 대해 어떻게 행동해야 하는지 생각해 보아야 할 것이다. 그들이 진정으로 '민주'라는 이름으로 칭송받고 보상받을 자격이 있는지도 제대로 평가해 보아야 할 것이다.

그저 양계장의 닭처럼 내가 먹는 먹이에만 관심이 있고 나의 생명을 호시탐탐 노리는 늑대와 내통하고 늑대들을 찬양하고 폭력을 행사하는 자들을 막겠다고 책무를 다한 그들에게 감사는 고사하고, 폭력 행위를 일으킨 자들을 칭송하고 그들에게 소중한 세금으로 보상까지 하는 '닭대가리'가 되어서는 안 될 것이다!

속이다

포플리즘으로 당선되는 정치인은 닭의 미래가 아니라,
계란에 관심이 있는 양계장 주인형일 뿐이다.

우리는 참이란 단어를 정말 좋아한다. 참나무, 참기름, 참꽃, 참교육, 참군인, 참깨, 참숯 그리고 칭찬도 그냥 하는 것이 아니라 참 잘했어요. 아니 잘했다면 정도의 차이가 있는 것이지 진짜 잘하고 못하고 가 있는 것인지 꼭 참이라는 말이 들어가야만 진짜로 칭찬하는 것처럼 들린다. 우리가 즐겨 먹는 소주 이름 중에는 이슬도 그냥 이슬이 아니라 참이슬이라는 브랜드가 있다. 맥주 중에는 참을 아예 외국어로 번역까지 해서 Real, 레알[7] 탄산이라는 광고까지 보고 있으니 그동안 우리가 얼마나 많이 속이고 속고 살았으면 이렇게 참이라고 해야 하는가! 원조 주장을 하다가 진짜 진짜 원조에 외국어로 레알이라는 표현까지 해야 하는지 그저 숙연해질 뿐이다. 그런데 우리 주변에는 이런 눈속임과 거짓말은 정말 많다. 이런 눈속임이 상품에만 그치는 것이 아니다. 고속도로에서, 정치인들 사이에서, 심지어 대법원장과 대통령 후보까지도 거짓말을 하는 나라가 되어버렸으니 이는 우리가 모두 깊이 반성하고 부끄러워해야 할 일이다.

최근 물가가 폭등하고 인건비 등 원가의 상승 요인은 많지만, 규제와 소비자의 눈치를 보다가 수량, 무게 또는 품질을 줄이는 슈링크플레이션(Shrinkflation)[8]이라는 용어가 유행하고 있다. 우리의 생활 속에 이러한 눈

---

7   영어 Real의 한국식 발음으로 '진짜'라는 뜻의 신조어.
8   제품의 크기나 수량을 줄여 가격을 인상하는 경영전략.

속임이 일상화되어 있는 것은 아닌가? 해외에서 생활하다가 한국에 돌아오면서 반갑게 맞이하는 친구들과 찾은 호프집에서 눈에 띄는 것은 생맥주잔이었다. 분명히 메뉴판의 생맥주는 300CC, 500CC, 1,000CC 등으로 표시가 되어 있는데 실제로는 어느 잔이라도 표시된 용량을 담을 수 없다는 사실이다. 해외에서 생맥주 500CC를 주문하면 잔의 500CC 라인은 컵의 끝에서 한참 밑에 표시가 되어 있어서 실제로 거품이 포함되지 않는 순수 맥주를 기준으로 담긴다. 한국에서는 500CC라면 맥주잔의 끝부분에 표기가 되어 있다. 그래서 거품을 뺀다면 실제로 담기는 맥주의 양은 500CC보다 훨씬 적은 양이 담기게 되어 있다. 왜 이런 것에 이의를 제기하는 사람이 없을까!

여러분은 이미 많은 생맥줏집에서 거품이 낀 맥주를 마시면서 메뉴에 적힌 양보다 적은 양의 맥주로 거품이 낀 비용을 지불하고 있다. 그리고 맥주의 양이 많이 담긴 용기를 피처라고 얘기하면서 여러 번 주문하기가 귀찮은 사람들을 위하여 판매하고 있다. 많은 양이니 당연히 저렴하게 팔 것이라는 생각을 하고 주문하는데 때로는 단위당 가격을 계산하면 오히려 더 비싼 경우들도 있다. 그래서 나는 생맥주보다는 병맥주를 선호하는 입장이다. 아무도 이런 문제를 제기하고 있지 않은 이유가 궁금할 뿐이다. 이래서 우리는 '참'이라든지 '레알'이라는 말을 좋아하는 것이 아닐까?

우리는 어릴 때부터 누구를 속이는 것은 나쁜 것이라고 배워왔다. 하지만 선의의 거짓말이라고 좋은 일을 위해서 때로는 남을 속여도 된다고 생각한다. 하지만 자존감이 강한 사람에게는 속임을 당하는 그 자체가 굉장히 기분이 나쁜 일이다. 남을 속여가면서 좋은 일을 한다는 선의의 거짓말은 아주 특별한 경우에나 해야 하는 것이지, 거짓말은 나쁘다는 것을 당연시하는 문화를 만들어 가야 한다.

차를 타고 고속도로를 가다가 보면 터널 안에서 들리는 사이렌 소리나 이상한 음향으로 깜짝깜짝 놀라는 일들이 있다. 이런 소리를 듣는 다른 사람들의 마음과 생각이 궁금하다. 경찰차나 경찰의 모형을 세워 사고를 방지하겠다는 생각 자체도 참으로 유치하다. 국민의 수준을 얼마나 깔보기에 저럴까 생각된다. 그런데 아무도 나와 같은 마음이 들지 않는다면 우리는 자존감보다는 타율적으로 간섭받고 책임을 타인에 미루는데 익숙한 수준일 뿐이다. 우리의 자존감 수준에 대해서도 반성을 해야 할 것이다.

더욱 심각한 문제는 정치인들의 거짓말이다. 누구든지 거짓말은 지탄[9]을 받아야 한다. 그래서 거짓말을 용인[10]하고 당연시하는 문화는 절대적으로 바꾸어야 한다. 그래야만 우리 사회가 더욱 공정하고 정의로운 사회가 될 수가 있다. 그러기 위해서는 명예를 중시하고 거짓말을 하지 않는 문화가 정립되어야 할 것이다. 해외에서는 명예를 지키기 위해 목숨을 걸고 결투를 했다고 한다. 하기야 우리는 그 이름 석 자마저도 ○○○라고 표현하니 명예를 지킬 필요마저 없을지도 모른다. 타이타닉호의 침몰의 순간에도 자신보다 여성이나 약자에게 구명정의 자리를 양보하고 자신은 죽음을 선택할 수 있었던 것은 그만큼 명예를 중요시하는 문화이기 때문일 것이다. 우리처럼 이름을 숨기는 사회라면 과연 여성이나 약자를 위해 자신의 생명을 희생하면서 양보를 할 사람이 있을까?

우리가 가장 쉽게 속는 거짓말 중에서도 크고 위험한 거짓말이 정치인들의 포퓰리즘이다. 양계장의 주인들은 닭장의 닭들에게 사료를 공짜로 주는 것

---

9   잘못을 지적하면서 규탄하는 것.
10   인정하고 받아들이는 것.

이 아니다. 정치인들은 그 포퓰리즘을 이용하여 여러분의 표를 갈구하는 것이다. 포퓰리즘으로 당선된 정치인은 양계장 주인형의 정치인이다. 양계장의 주인이 되고자 하는 정치인들은 닭의 미래에 관심이 있는 것이 아니라, 닭들이 낳은 계란에 관심이 있는 것이다. 그래서 양계장의 주인은 닭들이 밤낮을 구분 못 하게 밤에도 불을 켜고 계란을 낳는데 방해되는 수놈은 제거한다. 양계장주인형의 정치인은 정적[11]을 닭의 수놈 제거하듯이 없애려 할 것이다.

결국 포퓰리즘이라는 거짓에 빠져드는 닭들이 많으면 많을수록 그 양계장은 지도자를 선출하는 것이 아니라 양계장 주인을 선출할 가능성이 높아진다. 그 결과 소수의 용기 있는 사람들이나 안목을 갖춘 지식 있는 사람들마저도 양계장의 닭들처럼 억압받거나 소리 소문 없이 제거된다. 세상에 공짜 점심이 없다는 말처럼 무언가를 공짜로 주면서 선심을 쓰는 것 같지만 그런 선심의 진실 속에는 자기의 것이 아닌 공공의 자산을 양계장 주인이 되기 위해 물고기의 미끼나 닭의 모이처럼 사용할 뿐이다.

포퓰리즘을 내세우는 자들의 특징은 항상 말로는 그럴싸하게 대중을 선동하거나 힘이나 부를 가진 소수의 자들을 적으로 만든다. 다수의 선량한 사람들에게 평등과 공정을 주장하면서 소수의 사람들을 적으로 만들어 갈등을 유발하는 데 능숙하다. 그래야만 다수결의 원칙인 선거에서 유리하다. 그래서 사려심이 깊어 쉽게 선동되지 않는 지식인이나 사회 지도층의 사람들을 싫어한다. 전쟁의 기간에는 그런 지식인이나 사회 지도층 사람들을 처형하거나 감옥에 가두어 접촉을 제한하는 경우가 많다. 우리는 6.25 전쟁 기간 동안 이런 경험을 하였다. 우리뿐만 아니라 폴란드에서도 그런 사례가 있다. 2018년

---

11   정치상으로 서로 대립하는 적.

비행기 사고로 죽은 레흐 카친스키 폴란드 대통령은 '카틴 숲 학살 사건'[12] 70주년 기념행사에 참석하기 위해 정부 각료 132명과 함께 타고 가던 Tu-154 비행기가 추락하여 전원이 사망하였다. '카틴 숲 학살 사건'은 1940년 소련의 경찰기관이었던 내무인민위원회가 폴란드군 장교, 경찰, 지주, 공장주, 법조인, 공직자, 성직자 등 사회 지도층 인사들 추산 22,000명을 러시아로 이주시킨다는 명목으로 끌고 가 처형하였던 역사적 사실이다.

개인주의적 성향이 강해지는 시대에 사는 우리는 지식인이나 안목을 가진 사람들의 생각이나 의견을 청취하려 하지 않는다. 또한 토론으로 사회적 합의를 도출하기보다는 나와 생각이 다르다는 이유로 상대를 배제한다. 거기에 더하여 물리적인 폭력뿐만 아니라 언어적인 폭력으로 합리적이고 논리적이며 미래를 성찰하고 준비하는 이야기를 나눌 기회마저 박탈하고 있다. 이렇게 정보가 차단된다면 자유로운 야생의 삶이 양계장의 닭으로 전락할 수 있다. 우리에게 이런 위험이 점점 커져 가고만 있으니 우려해야 할 상황이다.

정치인들은 자신들이 양계장 주인이 되기 위해서 전쟁의 시기처럼 지식인이나 지도층의 사람이나 반대의 생각을 갖고 있는 사람들을 죽이거나 없앨 수는 없다. 그래서 폭력적 언어나 욕설로 댓글이나 강성 행동을 하는 팬덤[13] 지지층으로 하여금 그들의 자유로운 표현을 막는다. 이러한 행위마저도 양념이라며 부추기는 것은 전쟁 시 인민위원회라는 완장을 차고 법적인 절차도 없이 사람들을 처형하거나 폭력을 행사하여 공포를 조장하는 행위와 다를 바가 없다는 점도 간과[14]해서는 안 된다.

---

12 소련의 스몰렌스크 근방 카틴 숲 일대에서 폴란드 엘리트 2만 1,768명을 학살한 사건.
13 공통적인 관심사를 공유하는 사람들이 함께 모인 팬들의 집단.
14 관심 없이 대강 넘긴다는 의미.

정치인들의 대표적인 포퓰리즘은 어떤 것이 있을까?

한때 서울시장이었던 분은 주말만 되면 광화문 광장에서 행사를 주관하였다. 그 행사를 위하여 주중에는 무대를 만들고 주말이 끝나면 해체하는 일이 반복되었다. 그런데 과연 장소가 없어서 그랬을까? 쓸데없이 무대를 설치하고 해체하는 비용을 낭비할 필요가 있었을까? 정치인들은 '상생'이라는 말을 좋아하는 것 같다. 그런데 과연 상생이 가능한 것일까? 능력을 무시하고 공평, 평등을 주장하면서 다 같이 잘살자는 공산주의, 사회주의에서 주장했지만, 결국 사람은 능력에 따른 보상이 없다면 밤낮을 구분 못하는 닭처럼 그렇게 애를 써서 계란을 낳지 않으니 모두가 잘 사는 나라가 아니라 결국은 모두가 못 사는 나라가 되는 것이다.

서울시에는 전임 시장이 만든 '상생상회'[15]가 있었다. 그런데 서울시는 서울시민이 낸 세금으로 운영하는 기관이므로 자체적으로 수익사업을 하는 것은 옳지 않다. 아마 그래서 상생 사업이라고 했는지 모르겠지만 생산자와 직거래를 통하여 좋은 가격으로 서울시민들에게 공급하겠다는 취지로, 서울시 예산으로 공간을 마련하고 직원들의 월급을 주면서 자체 브랜드도 만들어 운영하였다. 그렇다면 서울시에서 동종의 사업을 하는 분들은 나쁜 사람들인가? 이익을 많이 남긴다? 품질이 나쁘다? 결국 평가는 소비자인 서울시민이 하는 것이고 서울시에서 동종의 사업을 영위하는 분들 나름대로는 최선을 다해서 경쟁력을 갖추려고 노력을 하고 있다는 것은 분명하다. 그런데 이런 분들이 낸 세금으로 동일 업종에 더 좋은 제품을 더 좋은 가격으로 공급하겠다고 가게를 연다면, 결국 심판이 선수로도 뛰면서 자기 마음대로 판정하겠다

---

15 박원순 전 서울시장이 중소 농을 돕고 판로를 지원하기 위해 세운 매장.

는 것이 아닌가? 그럼 세금 내고 열심히 노력해 온 동일 업종의 소상공인들은 경쟁력이 있을까? 결국 세금으로 운영되는 상생상회는 살아남지만, 동일 업종의 소상공인을 죽이는 정책이 아닌가? 결국 사회주의의 국가에서 하듯이 국가가 독점으로 모든 것을 운영하겠다는 것이랑 무엇이 다른가?

대통령 선거의 후보이었던 정치인의 트레이드마크인 지역화폐는 어떤가?

그가 주장하는 소득지원 효과, 지역 경제 및 골목 경제에 도움이 된다는 주장이 과연 맞는 말일까? 물론 지역화폐 상품권을 구매해 잘 이용하는 사람들에게는 소득지원 효과가 있겠지만, 이러한 소득지원으로 개인 간의 빈부격차뿐만 아니라 지역 경제 및 골목 경제의 격차를 더욱 크게 만드는 결과를 만든다는 것이 정치인의 주장과 달리 우리가 알아야 할 진실이다. 예를 들어 보자. '지역사랑'이라는 이름으로 전국의 지방자치단체에서 모두 발행한다면, 결론적으로 어떤 지역이 유리할까? 결국 잘사는 지역의 소비가 다른 지역으로 이동을 막는 결과로 인하여 지역 간 소득격차는 더욱 벌어질 것이다. 구매력이 떨어지는 지역에서는 더 큰 할인율로 상품권을 판매하지만, 판매가 저조할 수밖에 없다. 결국 잘 사는 지역과 못 사는 지역 간의 격차는 더욱 커질 수밖에 없는 구조다. 그럼 개인들은 어떠한가? 지역 상품권의 소비 형태는 대부분 병원, 학원, 안경원 등 큰 비용이 드는 데 많이 사용된다. 개인의 빈부 차이에 따라 이를 잘 활용하는 사람들이 사는 지역은 예산이 배정되자마자 불티나게 팔려 결국 조기에 매진되는 사례가 많다. 이런 상품권 판매에 대한 정보는 누가 가장 빨리 접할까? 결국 판매처인 금융기관에 예금을 많이 가지고 있는 VIP 고객들에게 가장 먼저 판매의 정보가 전달되고, 그들이 구매하고 난 뒤에 일반인들이 후 순위로 구매할 것이다.

그리고 난 뒤 가장 늦게 정보를 취득하는 사람들은 생업에 바쁜 사람들로 시간이 없어 판매처인 금융기관에 갈 여유도 없지만 그런 시간적 여유가 있다 하더라도 사전에 돈을 주고 사야 하는 상품권을 살 만한 여력이 안 되는 사람들이다. 상품권을 살 기회가 있어도 가지고 있는 여윳돈이 없어 상품권을 살 수 없는 경우들도 허다할 것이다. 결국, 소중한 세금으로 가진 자들은 소득지원 효과를 누리고, 가지지 못한 사람은 자신이 낸 세금으로 가진 자에게 더욱 부강해질 수 있는 기회를 제공하지만, 자신은 상품권을 이용할 기회조차 박탈당할 가능성이 크다. 그뿐만 아니라 추가적으로 부담하여야 하는 발행 비용, 관리 비용, 유통 비용 그리고 폐기 비용을 고려해야 한다. 결과적으로 개인적 소득격차뿐만 아니라 지역 간 빈부격차를 더욱 크게 하여 갈등만 조장하게 되는 이런 정책이 유지된다면, 결국, 국민을 위하는 것 같지만 결론적으로는 개인 간 지역 간 빈부격차 심화로 갈등만 조장하는 잘못된 포퓰리즘 정책 중 하나일 뿐이다.

양계장에서 보이는 화려한 불빛이 무엇을 의도하는지를 모르는 닭들은 그 불빛의 의미에 대해 사려 깊은 생각은 하지 않는다. 또 하고 싶은 생각도 없다. 그저 보는 것, 듣는 것, 느끼는 것만을 사실로 믿고 판단을 할 뿐이다. 그러면서 과거의 일들은 까마득하게 잊어버리는 사례가 많다.

양계장의 밝은 불빛이 파티를 위한 화려한 불빛이라는 달콤한 말에 속고 있는 닭들이 아닌지 다시 한번 심사숙고하는 사려 깊은 국민이 되었으면 좋겠다.

숨기다

"
공동의 선을 위해 공헌하였다면 이름을 밝히지 못할 이유가 없다.
"

호랑이는 죽어서 가죽을 남기고, 사람은 죽어서 이름을 남긴다고 한다. 그런데 자랑스러워해야 할 이름들이 다들 어디로 가고 언제부터인가 그 이름 자리에 ○○○이 대신한다. 이제는 당연하다는 듯이 이름 얼굴 등등이 개인정보와 인권 등의 이유로 가려지고 숨겨지고 있으니 우리 사회가 이상한 것이 아닌가? 우리가 민주사회의 시민으로서 당당하고 꺼릴 것 없이 본분을 다해왔다면, 나의 얼굴이나 이름이 알려지고 유명해지는 것이 당연하다. 그런 것이 바람직한 것이 아닌가? 그런데 개인정보와 인권이라는 명목으로 잘못을 저지른 사람들이 숨을 수 있는 기회를 주고 점점 그들의 잘못이 드러나고 밝혀내기 어렵게 만들고 있다. 또한 범죄를 저지르거나 잘못을 저지른 자들이 정당하게 수집된 증거가 아니라며 오히려 당당하게 큰소리를 치는 이상한 사회문화가 조성되고 있다.

그뿐만 아니라 그런 범죄를 밝히기 위해 우리는 얼마나 많은 사회적 비용을 지출해야 하나 도대체 왜 이런 제도와 문화를 만드는지 누구를 위한 것인가? 결국 공동사회에 해악을 끼치거나 나쁜 짓을 한 사람들이 이런 제도나 법규를 이용하여 쉽게 숨을 기회를 제공 받는다면 피해자는 법과 질서를 잘 지키는 선량한 국민이 될 것이다. 그뿐만 아니라 우리 사회는 법을 지키지 않거나 불법을 저지르는 사람들이 더 많아져 국가 전체적으로나 우리 공동의 사회에 나쁜 영향을 미치지 않을까?

나의 경험을 통해 이러한 잘못된 인권이니 개인정보라는 제도가 과연 문제가 없는지 생각해 보는 기회를 가졌으면 좋겠다.

비가 오는 이른 아침 산책 겸 산을 오르다가 핸드폰을 분실했다. 집에 돌아왔어야 핸드폰을 잃어버린 사실을 알고, 분실했던 핸드폰 번호로 전화해 보았는데 전화기는 꺼져 있었다. 전화 연결이 되지 않는 상황이라 출근도 미루고 아침에 갔던 길을 다시 돌아보았지만, 핸드폰은 찾을 수 없었다. 결국 내가 스스로 찾는 것은 포기하고, 핸드폰을 발견한 그 누군가가 신고해 주는 방법만을 기대할 수밖에 없었다. 그렇게 이틀이 지나도 어디에서도 소식을 들을 수가 없었다. 점심시간을 이용하여 잃어버린 전화기 뒤에 다시 방문할 생각으로 넣어 두었던 명함의 식당으로 점심을 먹으러 갔다. 명함의 식당 주인에게 행여나 하는 마음으로 '혹시 핸드폰을 습득했다고 전화 온 것이 없냐?'라고 물었다. 그 식당 주인이 '일반전화로 누군가 전화해 와서는 혹시 핸드폰을 잃어버린 사람 아니냐'라고 묻는 전화를 받았는데, 아마도 '우리 손님 중의 한 사람일 수 있다.'라고 얘기를 했단다. 그리고 지금은 바쁘니 명함에 있는 핸드폰으로 전화를 해 달라는 말을 했다고 한다. 그 뒤로는 아무런 연락을 받은 것이 없다고 한다. 안타깝게도 그 식당의 일반 전화기는 오래전부터 사용하던 통화 기록이 남지 않는 전화기였다. 그래도 다행스러운 것은 누군가가 분실한 핸드폰을 주운 것이 분명하니 핸드폰을 찾을 수 있다는 희망이 생긴 것이다.

식당을 방문하였던 그날은 핸드폰을 분실하고 이틀이 지난날 핸드폰을 찾을 수 있겠다는 희망이 생겼다. 퇴근하면서 분명히 동네 파출소에 맡겨져 있을 것이라는 기대감으로 기분 좋게 파출소를 방문하였다. 그런데 그런 기대는 실망으로 바뀌고 파출소에는 습득 신고가 들어온 것이 없다고 한다. 다시 관할 경찰서에도 문의하였는데 그런 습득 신고가 들어온 것이 없단다. 방문한 파출소에서 경찰관의 권유에 따라, 분실신고 접수를 하니 관할 경찰서 담당 경찰관이 파출소로 와서 도난 신고로 접수하였다. 기대감은 실망으로 바뀌어 파출소 문을 나섰다. 이제부터는 도난 사건으로 접수가 되어 관할 경찰서에 수사 경찰관이 배정되어 수사한다고 한다. 복잡한 일도 아니고, 그냥 식당의 일반 전화기로 걸어온 전화번호만 확인할 수 있었다면, 그 전화로 연락하여 핸드폰을 돌려 달라는 메시지만 전달하면 되는 지극히 단순하고 간단한 일이었다. 분명히 핸드폰 습득자가 있고 습득물로 신고하지 않았으니, 그 습득자를 찾기 위해 이런 도난 신고 절차를 진행해야만 한다고 한다. 만약 전화를 걸어온 사람의 전화번호만 알 수 있었다면 이런 복잡한 과정도 필요 없을 뿐 아니라 나도 골머리를 앓을 일도 시간 낭비도 없었을 것이다. 그냥 핸드폰 기기만의 문제라면 당장에라도 포기하고 싶은 심정이었지만, 핸드폰 속에 있는 지인들의 연락처, 그동안 찍어 둔 사진들 그리고 내려받은 자료 등을 되찾기 위해서라도 어렵게 시간을 내어 경찰서를 방문하여 진술해야만 했다.

수사를 담당한 경찰관과 상의하여, 식당 주인께서 전화국을 방문하여 전화 기록을 확인하는 방법을 택하기로 하였다. 다시 식당을 방문하여 주인께 상황설명을 하였고 담당 경찰관도 식당 주인에게 연락하여 설명해 주었다. 식당 주인께서 어렵게 시간을 내어 전화국을 방문하여 전화 기록을 받았단다. 이제야 핸드폰을 찾을 수 있겠구나 하는 생각도 잠시, 식당 주인의 말은 나의 귀를 의심하게 했다. 전화국을 방문하여 받은 답변이 전화를 건 내용은 확인해 줄 수 있는데, 전화를 걸어온 상대방의 전화번호는 개인정보 보호법에 의하여 알려 줄 수가 없다는 것이다. 아니 무슨 이런 경우가 있지 도대체 무슨 이유에서 개인정보 보호법으로 보호를 해야 하며, 그렇다면 핸드폰에 전화를 걸어온 사람의 전화번호가 인식되는 것도 개인정보 보호법 위반이란 말인가? 그럼 이 문제를 도대체 어떻게 해결해야 한다는 것인가?

　담당 경찰관에게 결과를 알려주니, 다시 경찰서를 방문하여 동의서에 서명하고 약식판결을 받아야만 전화를 걸어온 상대방의 전화번호를 확인할 수가 있다고 한다. 이 얼마나 시간과 비용의 낭비인가? 사건을 담당한 경찰관에게 다른 중요한 사건도 있을 것인데, 면담하고 조서를 꾸미고 동의서를 만들고 법원에 자료열람 신청하고, 실제로 치안유지와 사고 예방과는 전혀 관계없는 서류작업과 그렇게 중요하지도 않은 사건의 해결에 얼마나 많은 시간을 빼앗기고 있는 것인가! 나 또한 핸드폰을 찾기 위해 어쩔 수 없이 경찰서를 방문하여 면담하고 조서를 꾸미고 식당 주인에게 부탁해야 했다. 식당 주인 또한 바쁜 시간에도 전화국을 방문하고 그렇게 우리가 모두 허비하지 않아도 될 소중한 시간을 낭비하였다. 결국 한 달 가까이 시간을 보내고 식당 일반 전화로 전화하였던 핸드폰을 습득한 사람을 찾았다. 그런데 경찰에서 전화 연락이 가기 얼마 전에 습득한 전화기를 일반 쓰레기봉투에 버렸다는 황당한 답변을 듣게 되었다. 식당으로 전화를 한 상대방의 전화번호만 알 수 있었다면, 그 사람에게 전화하여 분실한 핸드폰이 맞는지 확인하고 사례를 하고 마무리가 되었으면 모두가 좋았을 일이지만 결국 그렇게 애타게 찾고자 했던 핸드폰은 영영 찾을 수 없는 상황이 되고 핸드폰을 습득한 사람과 분실한 나와의 관계만 이상하게 되었다.

　물론 이 사건은 더 이상 법적으로 진행하지 않고 마무리하였지만, 이런 경험을 통해 던지고 싶은 질문은 도대체 개인정보와 인권이 무엇을 보호해 주고 지켜주기 위한 것인지, 우리가 모두 깊이 있는 질문을 던져 봐야 한다는 것이다. 행여 공동의 선을 지키고 공동의 이익을 위하여 만든 법이나 제도가 그런 법규나 규칙 그리고 사회 규범 등을 어기고 잘못을 저지른 범법자나 공동의 사회에 해악을 끼치는 사람들을 숨기고 이들을 찾기 어렵게 만든다면, 오히려 그런 잘못을 용인하는 결과가 되어 선량한 시민들과 사회의 구성원들은 더욱 위축될 것이고, 범법자나 잘못을 저지른 사람들은 오히려 늘어나지 않을까?

당당하고 떳떳하게 이 사회를 위하여 공헌하였을 뿐 아니라 내가 최선을 다하고 내가 정정당당하게 노력하여 인정받는 사람들이라면, 자랑스럽게 이름 석 자를 밝힐 수 있는 그런 사회문화가 당연한 것이다. 지금처럼 이름 석 자를 ○○○이라고 밝히는 그런 문화가 옳지 않은 것이리라. 아직도 개인정보라는 이유를 들어 이름을 밝히지 않는 5.18 유공자들이여 당당하다면 지금이라도 나의 이름은 뉴캐슬이라는 닭이라고 당당히 밝히기를 바란다.

채우다

마음속에 무엇을 채우고 있느냐에 따라 행동은 달라진다.

그릇은 무엇을 담느냐에 따라 용도가 분류되듯이, 사람은 어떤 마음을 갖고 있느냐에 따라 그 사람에 대한 평가가 달라진다. 또 그릇이든 마음이든 깊이가 깊고 가득 찼다면 잡음이 적게 난다. 가득 채우지 못하거나 깊이가 얕다면 그릇과 부딪히는 소리를 만들어 잡음이 많다. 마음의 깊이가 얕다면 귀가 얇아지고 생각의 깊이가 얕아진다. 생각의 깊이가 얕다면 눈에 보이는 것만을 생각하고, 귀로 듣는 말들을 되새기지 못한다. 얕은 물에 돌을 던지면 바닥에 부딪히는 소리가 요란하듯 마음의 풍랑을 행동으로 표현하는 일이 잦아진다.

흔히 빙산의 일각이라는 말처럼, 빙산의 보이는 부분은 전체의 20%밖에 되지 않는다. 나머지 80% 정도 물속에 잠겨 있어 안 보인다고 한다. 마음과 생각을 사려 깊은 이치(理致)로 가득 채운 사람들은 눈으로는 볼 수 없지만, 물속에 잠겨 있는 80% 빙산을 추측하고 알 수 있는 안목을 가진 사람들이라고 할 수 있다. 우리는 안목을 가진 사람들을 만나기도 쉽지 않지만, 안목을 가진 사람의 의견이나 생각을 듣기보다는 얕은 마음에서 나오는 즉흥적인 생각이나 감정을 표현하거나 듣는 것을 좋아한다. 왜냐하면 안목을 가진 사람의 의견이나 생각을 이해할 수 없기 때문이다.

우리는 어느 민족보다도 우리라는 표현에 익숙하고 우리라는 전체를 생각하는 희생정신이 강하다. 그런 우리라는 생각이 있었기에 국가나 조국이 어려운 시기에 자기를 희생하더라도 조국과 민족을 위하여 기꺼이 목숨을 바쳤던 역사적 사례들이 많다. 우리는 표현 중에도 항상 나 자신이 아닌 우리 집, 우리 학교, 우리 회사, 우리 동네 등 우리를 생각하는 마음으로 가득하였다. 그런 우리의 마음속에서 언제인가부터는 우리 속의 누군가와 비교하는 나쁜 습관들이 자리 잡기 시작하였다. 누군가와 비교하는 그런 마음들은 시기심을 채우게 되고 물질에만 눈이 어두워져 소유욕만 가득 채우게 된다. 반면 가지지 못한 것에 대한 욕심과 불평불만을 가득 채우게 된다.

예전에는 이웃과 직장의 동료 그리고 자주 접촉하는 모임의 멤버들마저도 함께 살아가는 소중한 인연으로 생각했다. 그런데 이제는 그런 인연을 물질적 비교 대상이나 경쟁의 대상으로 보고 있다. 때로는 나로 인한 잘못마저도 이웃하고 살거나 생활하는 사람들을 탓하거나, 이웃을 나쁜 사람으로 인식하고 경계하거나 화풀이 대상으로 삼는 경우가 많아진다는 점이 안타깝고 슬프게 느껴진다.

우리는 정말 훌륭한 우리라는 문화를 갖고 있다. 나만을 생각하는 개인주의보다도 우리라는 공동체를 생각한다면 우리 사회와 국가가 더 아름답고 멋지게 될 것이다. 미국에서의 경험을 통해 우리라는 문화를 가진 우리가 얼마나 아름답고 멋진 사람들인지 느껴 보기를 바란다.

미국 알라바마주 헌스빌 공장 방문이 있던 날 숙소였던 할리데이인에서는 아직 7시가 되기 전 이른 시간인데, 어디서인지 익숙한 한국말이 들리니 그렇게 반가울 수가 없었다. 미국 전자회사 제니스를 인수한 엘지전자에서 근무하고 있다는 분들이 출장차 같은 호텔에 묵고 있었던 것이다. 호텔이라는 개인 룸 위주의 공간에서는 만날 기회가 없었는데, 로비에서 우연히 만난 것이다. 이렇게 먼 곳에서 한국인을 만난다는 것만큼 반가운 일이 또 어디에 있겠는가?

아침 식사를 마치고 합작회사의 헌스빌 공장을 방문하였다. 제일 먼저 받아든 것이 공장에 관한 매뉴얼이었다. 공장에서 할 수 있는 일과 할 수 없는 일, 그리고 할 수 있는 장소와 시간 등이 명확하게 글로 표현되어 있었다. 공장 방문자에게는 가이드북과 같은 것이니, 역시 미국은 이런 매뉴얼 문화가 강하다. 세계적으로 성공한 프랜차이즈인 맥도날드, 버거킹, KFC, 써브웨이 등이 전 세계 어디에서든지 똑같은 맛과 서비스를 제공할 수 있는 이유 중의 하나가 매뉴얼이 발달하였기 때문일 것이다.

사실은 우리는 문서로 남기는 데 상당히 약한 점이 있다. 한때 신한은행 직원 중에서 모범직원에게는 일본 연수의 기회를 주었다. 그때 일본의 교육담당자가 이상하다는 듯이 한 질문이 '왜 연수 오는 사람마다 똑같은 질문을 하느냐는 것이었다.'라고 한다. 연수를 왔으면 연수받은 내용을 기록으로 남겨 이를 다른 사람들과 공유하였다면, 절대 있을 수 없는 일이다. 새로 연수를 오는 사람마다 똑같은 질문을 반복적으로 하는 것은 우리는 기록을 남기고 공유하는 데 익숙하지 않다는 것이다.

헌스빌의 공장 투어를 하는 순간, 갑자기 생산라인 한쪽에서 사이렌 소리와 함께 빨간불이 켜지고 컨베이어 시스템의 라인은 동작을 멈추었다. 백인 여성 혼자서 라인에 남아서 땀을 흘리며, 품질 검사를 완료하지 못해 컨베이어 벨트 위에 대기하고 있는 물량을 혼자서 처리하고 있었다. 그런데도 다른 작업자들은 사이렌 소리와 함께 휴식 공간으로 갔다. 혼자서 처리하지 못한 물량을 처리하며 쉬지 못하는 백인 여성 작업자에게 다가가 도와주겠다는 사람이 아무도 없다는 점이 이상하게 생각되고 나의 눈에는 생소해 보였다. 혼자 남아 작업하던 여성 작업자의 남은 물량이 다 처리가 되자, 다시 사이렌이 울리고 작업자들은 본래의 작업대 위치에서 작업을 시작하였다. 다른 사람들은 쉴 때, 쉬지도 못하고 남은 물량 처리에 바빴던 여성 작업자는 또 정해진 시간에 검사물량을 처리할 수 없어, 다른 작업자들에게 휴식 시간만 계속 제공하는 결과만 반복되었다.

과연 우리나라 생산 현장에서 같은 일이 발생하였다면, 여러분이 그 현장의 생산 작업자 중의 한 사람이었다면 어떻게 했을까? 당연히 그 여성 작업자를 도와 처리 못한 일감들을 함께 처리하고 함께 쉬는 방법을 택하지 않았을까! 이런 상황에서 어떤 방법을 택하는 것이 아름답고 잘하는 방법일까? 만일 작업장의 여성 작업자라면 동료들이 어떻게 해 주기를 기대하였을까?

같은 상황인데도 불구하고 왜 미국에서의 대응 방안과 우리나라에서 대응 방안이 다를까? 그것은 사람들의 마음속에 무엇을 채우고 있는 것인지 따라 같은 상황에서도 행동은 달라지는 것이다.

우리는 우리라는 공동체를 우선으로 생각하는 마음으로 채우고 있다. 하지만 미국은 나만 좋고 나만 잘되면 된다는 개인주의 생각으로 마음을 채우고 있으니, 그 대응 방법이 차이가 있는 것이다. 그런데 최근에는 우리나라, 우리 회사, 우리 학교, 우리 동네, 우리 집에서마저도 우리라는 공동체를 우선으로 생각하는 마음이 사라지고 있다. 그 영향으로 이웃과의 분쟁과 갈등이 커지고 알고 보면 아주 사소한 문제일 수도 있는 작은 일로 화를 참지 못하고 폭력을 행사하거나 분풀이를 하는 일이 잦아지고 있다. 우리의 마음속에 우리라는 공동체는 점점 사라지고 나라는 개인 자신들에 관한 생각으로 채워지고 있는 것이 아닌지 우려스럽다.

우리라는 마음으로 채워져 있을 때는 작은 일에도 감사하고 고마워하였다.

그리고 좋은 것이 있다면 이웃과 나누고 양보하고, 어려운 일에도 희생하고 함께 더불어 사는 미래를 꿈꾸며 웃는 이웃이자 좋은 동료이었다. 그런데 나만을 생각하는 마음속에는 욕심, 시기, 불평, 불만, 남이야 어떻게 되었던 나만 괜찮으면 된다는 안일한 개인주의로 채워지고 있다. 어쩌면 아름답고 멋진 우리의 우리라는 공동체를 위하는 마음이 사라지고 있다. 우리의 함께하는 아름다움과 좋은 점들뿐만 아니라 함께하던 웃음은 사라지고 있다. 언제부터인지 이웃과 동료가 경쟁에서 이겨야 할 대상이고 시기와 질시의 대상으로 나와 비교하는 대상으로만 남는 것이 아닌지 두려워진다. 물론 우리의 사회가 살아가는 방식과 삶의 환경 등의 변화가 이런 우리의 마음을 개인주의 생각으로 채운 이유일 수도 있다. 하지만 비평과 비난만 가득하고 잘했다고 칭찬하고 손뼉 칠 줄 모르는 정치인들의 행위나 태도 때문에 생기는 병폐일 수도 있다. 그런 점에서 사람들이여 이제 비평 비난 힐난보다는 존경과 존중의 마음을 담아 이웃 그리고 함께 살아가는 우리 사회의 모두에게 감사하고 칭찬하고 박수를 쳐 보기 바란다.

그러면 여러분의 마음은 따뜻함으로 채워지면서 얼굴에는 웃음으로 가득할 것이다. 품위와 품격을 갖춘 예의로 사회 구성원들 서로가 서로를 대하고 갈등보다는 양보와 배려로 서로를 위한다면, 멋지고 아름다운 모습으로 모두가 함께 행복할 수 있으리라 믿는다.

가리다

자극적인 표현의 현수막이 눈과 생각을 가리고 있다.

'코로나'라는 팬데믹[16]을 겪으면서 마스크로 입을 가려 보지 않은 사람은 없을 것이다. 그때의 습관들이 몸에 익어 지금도 마스크를 하는 것이 당연하다고 생각하고 마스크를 사용하는 사람들이 많다. 그런데 이렇게 마스크를 착용하는 것은 단기적으로 적절한 대응으로 필요할 수도 있다. 하지만 장기적으로 계속해서 사용하게 된다면 사람의 몸이 갖고 있는 자정기능이나 면역기능이 퇴화한다. 결국은 마스크로 입을 가리지 않고는 코에서 걸러 주는 기능이나 폐의 기능 등이 점차 약해질 수 있다는 우려도 있다.

인간은 모든 것을 잘 할 수가 없으며 사람이라면 자신이 잘못한 부분을 가리거나 숨기고 싶은 것이 인간의 본성이다.

언제부터인가 우리는 현수막의 홍수 속에서 살고 있다. 해외를 여행하면서 본 적이 없는 현수막들이 여기저기에 걸려 있는 모습을 보면서 우리의 생각을 가리는 무서운 것이 길거리의 현수막이라 생각한다. 최초의 현수막은 기원전 3세기에 중국에서 군사 목적으로 사용된 것이라고 한다. 유럽에서는 14세기에 처음 사용되었으며, 군사적 종교적 목적이라고 한다. 1945년 광복 직후에 한국에서 사용된 현수막은 주로 세로 형태의 길게 늘어진 현수막이다. 러시아 상테페테르부르크의 페트로파블롭스크 요새[17]에 있는 국립역사박물

---

16 전염병이나 감염병이 세계적으로 대유행하는 것.
17 네바 강변에 위치한 요새로 스웨덴 해군의 공격으로부터 도시를 방어하기 위해 표트르 1세에 의해 지어졌다.

관에 전시되어 있는 자료를 보면 1917년 3월 8일 민중들이 일으킨 러시아 혁명 때 가로 형태의 현수막을 들고 행진하는 모습이 전시되어 있다. 러시아 혁명에서 처음으로 가로 형태의 현수막이 사용된 것으로 보인다. 현수막은 혁명이나 시위 등에 주로 사용되지만 우리나라처럼 평상시 이렇게 많은 현수막이 걸려 있는 모습은 해외 어디에서 유래를 찾아보기가 힘들다. 우리나라에서 이렇게 현수막을 많이 사용하는 것은 그만큼 현수막으로 효과를 보고 있다는 역설이기도 하다.

보통 현수막의 내용은 혁명이나 시위 등에 사용되기에 눈에 잘 띄는 글씨로 짧지만 자극적이고 극단적인 표현을 사용한다. 우리는 그런 언어나 문장에 익숙하다고 봐야 하는지, 아니면 그런 자극을 좋아하는지도 모르겠다. 결국 마스크를 오래 쓰면 당연한 것으로 인식하고 습관적으로 마스크를 쓰는 것처럼, 우리의 눈과 생각을 가리는 현수막을 너무나 오랫동안 봐 왔기에 이런 자극적인 극단적인 표현에 익숙해진 것은 아닌가? 현수막은 "옥외광고물 등의 관리와 옥외광고 산업 진흥에 관한 법률 시행령", '제3조 제7호에 천. 종이. 비닐 등에 문자. 도형 등을 표시하여 건물 등의 벽면, 지주, 게시시설 또는 그 밖의 시설물 등에 매달아 표시하는 광고물을 말한다고 정의하고 있다.', '제7조에는 허가 및 신고의 절차'를 규정하고 있으며 "옥외광고물 등의 관리와 옥외광고 산업 진흥에 관한 법률", '제8조(적용배제) 4호 단체나 개인이 적법한 정치활동을 위한 행사 또는 집회 등에 사용하기 위하여 표시·설치하는 경우, 5호 단체나 개인이 적법한 노동운동을 위한 행사 또는 집회 등에 사용하기 위하여 표시·설치하는 경우에는 허가·신고에 관한 제3조 및 금지·제한 등에 관한 제4조를 적용하지 아니하고 30일 이내의 기간 동안 표시 설치를 할 수가 있다.'라고 규정하고 있다.

여러분은 이 법 조항에 대하여 어떻게 생각하는지 궁금하다.

해외에서 귀국하여 광화문에 살았다. 이런 법규를 잘 모르고 건널목을 비롯하여 도로 양쪽에 걸려 있는 현수막의 문구로 인하여 많은 스트레스를 받았다. 보고 싶지 않은 언어와 문장들을 강제로 주입 당한다는 느낌을 받았다. 그래서 하루가 멀다 하고 관할 구청인 중구청, 종로구청, 서대문구청에 전화하여 현수막 제거를 요청하였다. 그런데 딱 한 군데 서대문구청 담당자가 어느 날 나에게 전화를 한 것이다. '사실은 저희도 현수막을 제거하고 싶은데 법적으로는 저희도 어떻게 할 방법이 없다.'라고 말하는 것이 아닌가! 분명히 현수막은 지정된 장소에만 설치해야 하고 설치하기 위해서는 반드시 관할 구청의 승인을 받아야 하는 것으로 알고 있었는데, 이게 도대체 무슨 말인지 이해가 안 되어 물었더니 '관할 법에 예외 조항이 있어 정치단체가 설치하면 구청에서도 함부로 제거할 수 없다.'고 한다.

이 무슨 얘기인가, 이런 게 바로 공정을 해치고 차별을 하는 것이 아닌가, 아니 똑같은 현수막인데 생업이 달린 사람이 가게 홍보하기 위해 걸면 불법이고, 정치인들이 정치적 구호, 노조들의 구호 등을 담으면 보란 듯이 자기 원하는 곳에 걸어도 함부로 제거하지 못한다는 것이 아닌가! 이거야말로 현수막의 내용에 따라 차별하는 것이고 결국 현수막을 거는 사람에 따라 차별을 받는 것이 아닌가! 분명히 대한민국 헌법 11조 1항에는 "모든 국민은 법 앞에 평등하다. 누구든지 성별·종교 또는 사회적 신분에 의하여 정치적·경제적·사회적·문화적 생활의 모든 영역에 있어서 차별받지 아니한다."라고 되어 있는데 그럼 현수막과 관련해서 차별을 받는 것인가? 차별을 받지 않는 것인가? 아마 광화문에서 생활해 본 사람이라면 느꼈을 것인데 내가 보기 싫은 언어들이 거의 강제로 주입하듯이 눈앞에 펼쳐져 있다면 이 또한 자유를 침해하는 것이 아닌가! 분명히 그런 자유를 침해당하지 않기 위해 심판 역할을 하는 관할 지방자치단체가 있고 그런 심판의 통제를 받아 지정된 장소에 현수막을 걸어야 하는데, 일반인이라면 당연히 지켜야 하고, 정치와 노동운동이라면 그런 심판의 통제를 안 받고 자기 걸고 싶은 데 아무 데나 현수막을 걸어도 된다는 것이 공정한 것인가?

개인적으로 이런 분통이 터지는 일이 어디 있는지 분명히 대한민국 헌법 11조를 위반한 내용이라는 생각에 개인적으로 헌법소원을 제기하였다. 헌법소원은 아무나 제기를 할 수 있는 것이 아니고 변호사이거나 변호사를 선임한 경우에만 가능하다. 변호사를 선임할 수 없는 경우에는 국선 변호사를 선임하여 주는 것으로 되어 있다. 하지만 그 과정 또한 그냥 되는 것이 아니라 국선대리인 선임 신청서를 제출하여야 한다. 이 또한 결코 쉬운 일이 아니라 결국 보정명령이 내려지고 헌법소원을 포기하였다. 우리가 알게 모르게 수많은 사례에서 정치인들과 비교하면 일반인들이 차별받고 있지 않을까? 그동안 정치인들의 재판 과정과 판결을 보면서 과연 보통의 사람들이 정치인들처럼 재판받을 수가 있을까! 말로만의 공정이 아니라 헌법 11조 1항의 문구처럼 확실하게 국민 누구나 차별받아서는 안 될 것이다.

선량한 시민 중에는 차별받고 있다는 사실을 모르고 있는 사람들도 있다. 차별받는 사실을 알고 있지만 이런저런 이유에서 내가 앞장서서 이렇게 개선하는 일을 싫어하거나 누군가가 나를 대신해서 해 줄 것이라고 믿는 사람들도 많을 것이다. 2019년 홍콩에서 범죄인의 중국 인도 법안과 관련하여 초등학생까지 거리에서 시위를 하였다. 그들이 거리에서 시위를 하는 이유는 홍콩의 민주주의가 중국발 공산화가 될 위기에 처해 있었기 때문이었다. 시위에 참여한 한 홍콩인이 한 말이 있다.

'저는 경찰과 맞서거나 파괴를 하려고 거리로 나서는 게 아닙니다. 저는 정부의 잘못에 항거하기 위해 여기에 있습니다. 국민이 자기네 정부를 두려워해서는 안 됩니다. 정부가 국민을 두려워해야 합니다.'

우리의 정부와 정치인은 과연 국민을 두려워하는지 이번 기회에 묻고 싶다!

욕하다

막연한 추측이나 확인되지 않은 사실로 남을 비난하는 데 익숙하다.

우리는 구체적이고 사실 확인된 내용으로 누군가를 비난하기보다는 막연한 추측이나 자기 생각으로만 누군가를 나쁜 사람으로 몰아가고 이에 동조하는 마녀사냥식의 여론몰이에 익숙한 것은 아닌지 재벌에 대한 의견과 생각을 공유해 보고 싶다.

 본인의 직접적인 잘못이 아닌데 단지 단체라는 이유로 당하는 벌칙이나 꾸지람만큼 서글프고 힘든 일이 없는 것 같다. 누구나 당연히 해야 할 병역의 의무인 군 생활을 하면서 가장 힘들었던 일 중의 하나가 동기가 많다는 이유로 매일 같이 선임자들에게 당하였던 서러움이었다. 수송부 분과에 정원 15명 중에 어쩌다 7명이 동기가 되었으니 한편으로는 서로 위로가 되고 힘이 되는 부분이 있었다. 하지만 선임자가 정한 원칙 하나가 동기 모두를 힘들게 하였다. '동기 중에서 누구라도 한 명이 잘못하면 동기라는 이유로 모든 동기가 단체로 그 한 명의 잘못에 대한 책임을 지는 것이다.' 그러니 거의 매일같이 선임자들로부터 불려가 욕을 얻어먹거나, 때로는 집합해서 삽자루로 엉덩이를 맞아야 하는 일도 있었다. 규칙을 잘 지키고 성실하게 군 생활을 잘하고 있는 동기들도 있었는데 그런 동기들은 얼마나 억울하고 원통하며, 그때의 억울함을 누구에게 하소연할 수 있을까?

 우리가 재벌을 보는 시각도 자세히 살펴보면 재벌에 대한 시기와 질시가 내포되어 있는 것이 아닐까? 다른 한편에는 소수의 가진 자를 적으로 만들어

투표권을 가진 다수를 끌어들이려는 정치인의 전략을 생각없는 양계장의 닭들처럼 그대로 믿는 사람들이 많아서 그런 것이 아닐까? 나무위키에 나와 있는 재벌의 정의와 개요를 살펴보고 이 내용이 맞는지 한번 생각해 보자. '재벌은 거대 자본을 가진 경영진이 가족, 친척 등 동족(同族)을 주축으로 이루어진 혈연적 기업체를 뜻한다.' 즉 재벌은 거대 자본을 가지고 있으면서 가족 중심으로 총수의 지위를 승계하는 기업이란 점에 대해서 사람들이 비난하는 것이 아닐까?

많은 사람들은 재벌의 경영을 가족 중심이 아닌 전문경영인이 맡아서 하는 것이 더 좋은 결과를 낼 것인데 왜 능력도 없는 재벌 오너 가족들이 총수의 자리를 승계하는지를 불만을 많이 표현하고 있다. 과연 전문경영인들이 오너들보다 경영 능력이 뛰어나다고 확신을 가지고 말할 수 있는 사람이 있을까? 재벌의 2세나 3세들 중에서 뛰어난 경영 성과를 발휘하여 세계 최고의 기업으로 성장시킨 사례를 이미 심심치 않게 찾아볼 수가 있다. 물론 전문경영인 체계에서도 충분히 기업을 성장시키고 좋은 성과를 창출한 사례들도 있지만 무엇이 옳다고 명확하게 구분하여 말할 수 없다는 것이다. 다만 오너의 가족이라면 나름대로 경영 수업과 간접적인 경영을 경험한다. 그리고 경영에 필요한 능력을 중점적으로 준비하고 경험할 기회가 있기 때문에 오히려 더 전문적인 능력을 갖추고 있을 수도 있다. 또한 책임 경영의 체제를 구축할 수 있어 빠른 의사결정으로 급변하는 경영 환경에 더 빨리 대응할 수 있으니 경쟁력 향상에 도움이 된다. 이러한 빠른 의사결정은 역사와 기술에서 앞선 일본 기업들을 이길 수 있었던 이유 중에 하나로, 고객 만족을 위한 시장 중심에서는 빠른 결정이 경쟁력 향상에 도움이 되며 결국 고객의 선택을 받게 된다.

폴란드 엘지 산업단지에서 일본의 도시바와 한국의 엘지전자는 같은 시점에 시작했다. 하지만 엘지전자는 살아남고 도시바는 철수하게 된 것은, 다름 아닌 빠른 결정력의 차이에서 급변하는 고객의 욕구를 만족하는 기업으로 엘지전자가 살아남은 것이다. 사실은 해외 경험이 훨씬 많은 도시바의 공장은 엘지전자에 비해 더 짜임새 있고 더욱 효율적으로 건설되었으나, 경영은 이런 하드웨어적인 것보다 경영자의 결정에 따라 조직의 체계적인 움직임과 조직의 구성원이 어떤 열정을 갖고 있느냐가 중요한 것이다. 도시바와 같은 전문경영인의 체계인 경우에는 누구든 잘못된 결정에 대한 책임을 지고 싶지 않으니 결정의 근거가 명확해야 한다. 혹시나 결정이 잘못되었다 하더라도 잘못에 대한 책임을 지지 않으려 한다. 그래서 결정한 근거를 검토하는데 많은 시간이 걸린다. 책임 관계를 명확히 하기 위해서는 완전한 자료를 갖추고 그 자료에 근거하여 의사결정을 해야 한다. 문제는 고객은 그런 것과는 전혀 상관없이 고객 자신의 입맛에 맞는 제품을 선택할 뿐이다. 공급자의 사정이나 경쟁에서 뒤떨어지는 제품을 선택하지도 않을 뿐 아니라 이미 시장에 나와 있는 제품보다 더 우수한 제품이라면 모를까 비슷하거나 같은 품질 또는 같은 기술의 제품이라면 그런 제품이 출시될 때까지 기다려주지 않는다.

이런 총성 없는 전쟁에서 우리 기업들이 승리할 수 있었던 이유 중의 하나가 주인 중심의 경영 체계 시스템인 우리의 재벌이 있었기 때문에 가능한 것이 아니었을까?

경영의 능력 중에 또 하나 중요한 것이 소통 능력이다. 이런 소통 능력에서 꼭 필요한 것이 언어능력이 포함될 것이다. 예전과 달리 재벌의 2·3세들은 본인이 직접 대중 앞에 나서서 외국어로 프레젠테이션을 하고 해외 유명 인사들과 직접 소통하는 모습을 볼 수가 있다. 운이 좋게도 재벌의 오너를 모시고 같은 사무실에서 같이 일을 할 기회가 있었다. 재벌들을 욕하는 많은 언론이나 정치인 그리고 사람들에게 꼭 해 주고 싶었던 말은 정확하게 사실을 알고, 전체를 한꺼번에 매도하지 않았으면 좋겠다는 것이다. 오히려 배워야 할 점이 많고 그런 모습에 대해 존경심까지 생기기까지 되었다. 재벌들과 생활해 보지도 않은 사람들의 추측으로 하는 이야기 그리고 일부 재벌의 일들을 전체로 매도해서 하는 이야기에 대해서는 정확히 알고 바르게 이야기했으면 하는 바람이다.

함께 일한 재벌 오너는 2개 외국어인 영어와 일어를 현지인 수준 정도로 할 수 있는 언어능력을 갖고 있다. 하지만 한 번도 누구 앞에 나서서 자랑하듯이 외국어를 구사한 적이 없었다. 어쩌다 이런 내용을 모르는 다른 사람들이 괜히 나서서 통역하겠다고 자처하는 경우가 있었지만 그래도 상대가 민망하지 않은 수준에서 표현하실 뿐이었다. 누구에게 가진 부를 자랑하지 않듯이 자신의 능력 또한 한 번도 자랑한 적이 없었다. 언어능력뿐만 아니라 사람들과 교류하는데 필요한 바둑, 골프 등은 프로들에 사사를 거쳐 프로는 아니지만, 프로 수준에 근접한 능력을 갖추고 있다는 점도 배울 점인 것 같다.

주인과 주인이 아닌 전문경영인의 차이를 또 다른 경험을 통해 느낄 수 있었다. 폴란드 엘지 단지 조성이 한창일 때 프라하 공항을 통해 폴란드로 현장 방문을 오신다는 연락을 받고 프라하 공항으로 직접 영접을 나간 적이 있었다. 폴란드 현장을 방문하기 위해서는 프라하를 거쳐 육로로 오는 방법과 프랑크푸르트 공항에서 항공편으로 오는 방법이 있었다. 프랑크푸르트 공항을 경유하면 연결 편을 기다리는 대기시간이 길다. 그래서 공항에서 막연히 시간을 보내고 다시 밤늦게 비행기를 타고 도착하면 시차 관계로 몸은 피곤한데도 좁은 공항에서 오랜 시간을 보내야 한다. 그러나 프라하로 오면 비행기에서 내려 바로 입국 수속을 마치고 유럽의 자연을 보면서 자연의 공기를 마시며 차로 이동할 수 있어 선호하는 편이었다.

프라하를 거치는 대부분 출장자는 그 유명한 프라하에 왔으니 어디 유명한 곳을 방문하거나 유명한 식당에 가 보자고 요청한다. 하지만 주인의식이 철저한 오너의 생각은 달랐다. '호텔비가 비쌀 건데 폴란드로 바로 갑시다.'라고 하셔서 '야간 이동하면 위험하시고 폴란드에 가도 호텔에 숙박하셔야 하니 오늘은 프라하에서 묵고 내일 가도록 하시지요.' 그래서 프라하에서 하룻밤을 묵는 것으로 결정했다. '저녁 식사를 위해 좋아하시는 해산물 식당을 알아 두었습니다'라고 하니 '관광지라 비쌀 건데 그냥 호텔 근처 편한 곳에서 식사합시다.'라고 말씀하시는 것이 아닌가? 아니 개인 돈 쓰는 것도 아니고 법인의 돈으로 계산을 할 것인데 주인의식을 가진 분의 생각은 만나 보았던 다른 출장자들의 생각과는 너무나도 달랐다. 이런 재벌 오너의 생활방식이나 생각을 누가 이해하고 알고 있을까? 폴란드의 건설 중인 공장에서는 지시사항이 '일한다고 고생하는 직원들이 그래도 개인적인 시간을 가지는 화장실만이라도 호텔에 버금가도록 편하게 볼일을 볼 수 있도록 설계하면 좋겠다.'라고 하시며, 화장실 문과 변기와의 거리와 변기에 앉았을 때 안락감 등을 손수 앉아 보고 느낌을 확인하고 의견을 전달해 주셨다. 과연 누가 재벌의 오너가 이런 생각을 하고 이렇게 고민하고 있는지 알고나 있을까?

한때는 세계 제일의 전자 회사라면 소니라고 알고 있었고 그 소니의 워크맨이 한국에서 열풍을 불고 있을 때 일본에서 어학연수 중인 오너에게서 연락 받았다. 다름이 아닌 우리가 만든 카세트 라디오를 보내 달라는 부탁이었다. 카세트 라디오라면 워크맨 보다는 부피도 클 뿐 아니라 둔탁하게 생겨서 휴대하기에는 불편한 것이다. 그것도 고장이 나서 집에 있는 카세트 라디오를 서비스센터에서 고쳐서 보내 달라는 부탁이었다. 내가 그 입장이라면 이렇게 우리가 생산한 제품을 사랑하고, 더 좋은 제품이 있는데도 우리 것을 사용할 자신이 있는지 묻고 싶다. 그럴 자신이 없었던 나였기에 스스로 부끄러움을 느꼈다. 단편적이지만 방송에서나 사람들이 말하고 추측하는 재벌 오너의 모습과 같은 사무실에서 함께 생활하면서 보는 모습과는 너무나도 달랐다.

다시 나무위키의 내용으로 돌아가서 "1961년 5.16 군사 정변으로 집권한 박정희 정부는 공업화를 골자로 한 경제개발정책을 추진하면서 기업이 정부에 정치자금 및 뇌물을 상납하면 정부는 기업에 사업권 및 규제 완화, 사업 자금을 융통해주는 정경유착 구조가 만들어졌다." 여러분은 이 말에 동의하는지 묻고 싶다. 정치자금 및 뇌물을 상납하였다면 구체적인 자료 제시를 하여야 한다. 법원도 증거를 가지고 판단을 하는 것이고 우리도 명확한 근거를 갖고 그에 대해 판단을 해야 한다. 그저 그런 상황을 봤을 때 그럴 것이라는 얘기를 해서는 안 되는 것이 아닌가? 그 시절의 기업들은 정치자금이나 뇌물을 상납할 능력조차 제대로 갖춘 기업은 얼마나 되었을까? 그리고 기업에 사업권 및 규제 완화, 사업 자금을 융통해 주는 정경유착 구조가 만들어졌다고 하는데 지금도 기업의 규제 완화를 외치고 있지 않나? 또한 사업 자금을 융통해주거나 지원해 주고 있는데 그러면 지금도 정경유착을 하고 있단 말인가?

그 시절 기업들은 자금이 없었을 뿐 아니라 국가마저 자금이 없어 국민을 독일에 광부와 간호사로 보내고 그들의 월급을 담보로 차관을 빌려 오던 시절이 아닌가? 그렇게 어렵게 마련한 자금을 민간 주도의 경제개발계획을 수립하고 성공 가능성이 있는 기업을 선정하여 지원하였다. 선정된 기업들 또한 나름대로 창의적인 아이디어와 열정을 갖고 세계적인 기업으로 성장하였기에 우리가 지금 그런 기업들의 혜택을 보는 것이다. 우리보다 더 많은 자원과 자금을 가지고도 실패한 국가처럼 그때 우리의 기업들이 실패하였다고 가정해 보자. 그런 국가의 국민에게 힘들고 하기 싫은 일을 시킬 수 있는 것이 아니라, 우리 국민이 다른 나라에 가서 온갖 멸시와 천대를 받으면서 일자리를 찾아 헤매야 할 것이다.

일본으로부터 해방 그리고 전쟁 후 모든 것이 파괴된 상황에서 다른 곳에
한눈을 팔지 않고 피땀을 흘려 노력하여 오늘의 세계적인 기업으로 성장한
재벌들에게 오히려 감사해야 하지 않을까? 왜 재벌이라면 나쁘다는 생각에
사로잡혀 무조건 욕하는 문화가 형성되었는지 우리는 다시 되돌아봐야 한다.
물론 재벌이라고 모두가 나와 함께 일하였던 그런 분과 같지 않을 수 있다.
그럼 그런 사람에 대해 책임을 물어야 한다. 군에서 당했던 일처럼 동기니까,
재벌이니까, 이런 방식은 결국 괜한 마녀사냥으로 온 국민이 응원하고 손뼉
을 쳐야 할 우리 기업들의 활동을 저해할 뿐이다.

병역의 문제에 대해서 '정치인들과 마찬가지로 재벌 중에는 재력과 정보력
등을 동원해서 면제 판정받아 논란이 되는 경우들이 존재하고, 사회복무요원
판정받아 공공기관 및 공기업 등지에서 공무원들과 함께 일하거나 또는 군대
에 간다고 해도 장교로 입대한다. 정치인 자녀가 병역 비리를 저지르면 치명
타를 받지만, 이쪽은 항시 정적이 많이 존재하는 정치인들과 달리 적대세력
이라 할 만한 사람들이라 봐야 서민층, 운동권 정도가 대부분이기 때문에 재
벌 일가의 병역 문제에 대해 깊이 파고들지도 않고 정부 및 언론에서도 재벌
일가를 통제할 힘이 없어 크게 공론화되는 경우는 거의 없다.'라고 표현하고
있다. 이 또한 사실과 다른 것이다.

박정희 대통령은 정부 고위층의 자녀나 재벌의 자녀 등 사회 지도층의 자
녀 등에게 병역 비리가 없도록 특별 관리병이라는 제도를 두었다. 특별 관리
병은 병역의 비리가 없도록 이유 여하를 불문하고 무조건 최전방에 배치하도
록 하였다고 한다. 함께 생활하신 그분도 일선 부대에 배치 받았다가 특별 관

리병으로 파악이 되어 전방부대 수색대에 배치되어 군 생활을 마쳤다고 한다. 문제가 되는 것은 오히려 최근 정치인 자녀들의 병역 문제이고 특히 몇몇 정치인 자녀는 입대 여부를 판단하는 신체검사에서도 문제가 되고 있다. 입대한 후에도 휴가 등에서도 특혜 사실이 밝혀져 사회적으로 큰 이슈로 떠오르기도 하였다.

최근 우리 사회의 가장 큰 이슈 중의 하나가 일자리 창출이다. 이 일자리 창출은 누가 하는 것일까? 결국 우리가 재벌이라고 일컫는 선도 기업이 이끌어 주면서 협력업체들이 생기고 그런 협력업체 하나하나가 일자리 창출을 하고 있다. 어떤 이들은 재벌이 협력업체의 피를 빨아서 성장하고 있다고 한다. 그것은 결코 옳은 얘기가 아니다. 시장의 고객은 항상 가성비를 따지고 전 세계의 많은 경쟁사가 단가를 낮추는 피나는 노력을 하고 있다. 우리의 대기업만 그냥 있다면 지금 시장에서 존재할 수 있을까? 단가를 인하하면서 경쟁력을 향상하였기 때문에 세계에서 인정받는 브랜드로 우뚝 서고 그 협력업체들도 함께 성장했다. 오히려 더 나쁜 사례는 도시바와 같이 시장에서 고객의 선택을 받지 못하는 경우이다. 사업 자체를 포기하거나 아예 회사가 망할 때는 더 슬프고 가슴 아픈 일이 벌어질 것이다. 설마 재벌 기업에서 협력사에 단가 인하하지 않아 협력사만 배불리 잘 먹고 살고, 고객의 요구사항은 무시하여 재벌 기업이 무너지는 사태가 오기를 바라는 것은 아니기를 바란다.

지금부터라도 무턱대고 재벌이라며 욕할 생각을 하지 말고 세계에서 인정받는 한국의 재벌 기업이 있기 때문에 우리가 해외에서도 자부심을 가질 수 있고 우리의 일자리도 있고, 우리의 생활수준이 향상되었다는 것을 명심하고 오히려 감사의 마음을 가졌으면 좋겠다.

버리다

버리는 곳을 없앨 것이 아니라 분리하여 버리는 습관을 길러야 한다.

성공을 위한 조건 중의 하나가 나쁜 습관을 버리고 좋은 습관을 키워나가는 것이라고 한다. 우리가 채택하고 있는 쓰레기 종량제 시스템에 대해서 한번쯤 생각해 보고 과연 이것이 정말 우리의 공동사회를 위해서 바람직한 제도인지, 혹시나 양계장의 불빛처럼 실질적으로는 어떤 영향을 미치는지 모르면서 막연히 불빛이 밝고 좋다는 사려 깊지 않은 생각을 하는 것은 아닌지 얘기해 보고 싶다.

한때 서울의 종로구 구청에서 '세계에서 가장 깨끗한 종로구'라는 슬로건을 내 걸었던 시기가 있었다. 쓰레기 종량제가 실시되면서 거리의 쓰레기통이 없어지기 시작했다는 사실을 기억하고 있는지 모르겠다. 외국인 관광객들이 많이 찾는 종로구에도 어느새 거리에서는 쓰레기통을 보기가 힘들게 되었다. 해외를 여행해 보면 가장 크게 깨닫는 사실 중의 하나가 한국의 공중화장실 시스템이 잘 되어 있다는 것이다. 해외에서는 화장실을 이용하고 싶은데 이용할 때마다 돈을 내어야 한다. 막상 돈을 내고 들어간 화장실인데 무료로 사용할 수 있는 한국의 화장실에 비교해서 더 좋은 것도 아니다. 그래서 화장실을 사용하는 돈이 아까워 참고 더 참았다가 어쩔 수 없는 경우에만 화장실을 이용했던 경험들이 많았을 것이다. 그런데 이렇게 유료든 무료든 이용할 수 있는 화장실이 없다면 여러분은 어떻게 할 것인가?

인간의 심리는 모두가 다 같다고 생각한다. 급한데 그렇다고 아기들처럼 옷을 입은 채로 볼일을 볼 수도 없다. 결국 사람의 눈길을 피해 으슥한 곳이나 사람들이 다니지 않는 곳을 찾아 바지를 내리고 볼일을 볼 수밖에 없다. 또 이런 모습을 목격한 사람들도 어쩔 수 없는 생리현상인데 그냥 눈 감아야 겠다고 생각하지 않을까? 또 다른 경우는 화장실을 이용하기 위해 내어야 하는 돈을 아껴 보겠다는 사람과 꼭 가야 하는데 돈이 없어 화장실에 입장할 수 없는 사람이라면 어떻게 할까? 그래서 사람들이 보이지 않는 곳이거나 숨어서 생리현상을 해결하려고 할 것이다. 생리현상을 해결할 수 있는 곳이라면 뒤통수가 가렵거나 부끄럽지만 해결하려 할 것이다. 이래서 가끔 해외의 지하철역이나 지하철에서 화장실의 냄새를 진하게 느낄 때가 있지 않을까? 결국 사람의 생리현상을 해결할 수 있는 화장실은 필요한 장소에 적정하게 있어야 한다. 이마저도 돈을 내지 않고 무료로 이용할 수 있다면 의외의 장소에서 볼일을 보는 사람이 줄어들 것이다. 어쩌다 공공장소에서 볼일을 보는 사람을 보거나, 볼일을 보는 사람들의 행위로 인해 눈살을 찌푸리거나 기분이 상하는 경우가 줄어들 것이다.

물론 쓰레기는 사람들의 생리현상으로 인한 배설물과는 다를 수 있다. 생활 전반에서 쓰레기가 발생하지 않을 수는 없다. 여행 중이거나 이동할 때 쓰레기를 손에 들고 다니면 엄청나게 불편하다. 그러니 빨리 쓰레기를 던져버리고 손이 자유로워져 편하게 다니고 싶은 것이 모든 사람의 바람이자 당연한 생각이다. 그런데 용변이 급한데 화장실이 없는 것처럼, 버려야 하는데 쓰레기통이 없다면 사람들은 어떻게 할까? 심리적 양심과 육체적 고통이 갈등을 시작하다가 한 사람이라도 버려 놓은 쓰레기를 발견하는 순간, 그나마 양심의 가책을 덜면서 슬쩍 버리고 가는 경우가 대부분이다. 그래도 지성인인데 지정된 장소에 버려야겠다고 생각하고 쓰레기를 들고 다니다가 쓰레기통을 찾지 못한다면 어떤 일이 벌어질까? 남의 눈길을 조금이라도 덜 인식할 수 있는 곳이나, 양심의 가책을 조금이라도 덜 받을 수 있는 더러운 곳이 있다면 쓰레기로부터 자유로워지고 싶은 것이 인간의 당연한 심리일 것이다.

종로구는 서울의 어느 곳보다도 외국인들이 많이 찾는 곳이다. 그런 외국인들은 쓰레기 종량제 봉투를 활용할 여건도 안 된다. 여행 중이라 사진을 찍기 위해서라도 손이 자유로워야 한다. 그런데 예쁘고 자랑스러운 물건이 아닌 쓰레기를 들고 다니게 한다면 결국 외국인들의 인내력이나 양심을 테스트하는 꼴이다. 화장실을 찾다가 지쳐 생리적 현상을 으슥한 곳에서 해결하는 사람들 모습처럼, 어둠이 내리기 시작하면 남의 눈치를 덜 살피게 되고 그냥 길거리에 버린다. 결국은 버려져 넘쳐나는 쓰레기는 누군가가 또다시 주워 담고 더러워진 거리를 청소해야 하는 번거로움을 감당해야 한다.

구청장은 '세계에서 가장 깨끗한 종로구'라고 했는데, 새벽의 인사동 길은 말 그대로 난장판에 거리에는 온갖 쓰레기로 가득했다. 사람들이 버린 쓰레기에다가 각종 생활 쓰레기까지 가득하니 말 그대로 쓰레기장을 방불케 하였다. 이 얼마나 한심한 일인가 결국 현장의 책임을 맡은 미화 요원들이 이 모든 것을 책임지고 치워야 한다. 이 얼마나 힘들고 한숨이 나올까? 매일같이 새벽 산책길에 만났던 거리를 청소하시는 미화원분께 인사를 했더니, 나중에 직접 하시는 한탄이 '일반쓰레기도 혼자서 처리하기에는 너무 벅차고 너무 많은데 음식물 쓰레기까지 뒤섞여 분리하기조차 힘들다.'라는 것이다. 그럼 우리가 하는 쓰레기 종량제 시스템이 과연 옳은 방법이고 앞으로도 지켜나가야 할 좋은 습관일까?

환경을 생각한다며 분리수거와 쓰레기의 발생량을 줄이기 위해 쓰레기 종량제를 시작한 계기가 된 것이 아닌가? 그럼 쓰레기를 버리기 위한 종량제

봉투는 비닐이 아니고 일회용 용품이 아닌가? 이 점에 있어서 왜 환경단체들이 가만히 있을까? 쓰레기를 분리수거 하자는 이유는 재생하는 쓰레기양을 늘려서 결국 환경오염을 방지하자는 것이다. 그런데 줄이자는 비닐봉지에 쓰레기를 담아서 이를 쓰레기 처리장으로 보내면 다시 쓰레기봉투를 찢어서 쓰레기를 분리해야 한다. 현실적으로 이런 과정이 가능할까? 더군다나 사람들의 심리는 종량제 봉투에 조금이라도 더 많이 담아 적은 돈이지만 한 푼이라도 아끼고 싶어 한다. 그래서 또 다른 비닐봉지에 쓰레기를 담고 담아 가능하면 압축을 많이 해서 조금이라도 더 많이 담으려고 한다. 때에 따라서는 내가 편하겠다는 생각으로 음식물 쓰레기도 함께 담는다.

그리고 음식물 쓰레기에 대한 규정 자체도 애매모호하지 않은가? 나무위키에는 '사람이나 동물이 먹고 남긴 음식물(잔반) 또는 부패 등으로 인해 먹을 수 없게 되어 버려야 할 상한 음식 또는 구토한 음식물'등이 '음식물 쓰레기'라고 규정하고 있는데, 동물의 뼈, 복숭아의 씨앗, 호두 껍데기는 음식물 쓰레기일까? 일반 쓰레기일까? 음식물 쓰레기는 동물의 사료로 사용된다고 하는데 부패한 음식을 동물에게 먹여도 괜찮을까?

환경을 생각하고 재생 비율을 높이기 위해서는 우리의 쓰레기 시스템을 바꾸어야 한다. 먼저 거리의 쓰레기통을 재배치하고 누구나 쉽게 분리수거를 할 수 있도록 색상이나 모양 등으로 쓰레기의 종류를 쉽게 구분하도록 해야 한다. 그래서 폐기할 때 분리하여 버리도록 하는 습관을 기르도록 해야 한다. 두 번째는 쓰레기 종량제를 폐지하고 가구당 또는 인당으로 쓰레기 처리비용을 부담하도록 해야 한다. 사람이 살면서 쓰레기를 배출하지 않을 수는 없다. 그러하기에 나이에 따른 평균 쓰레기 배출량을 계산하여 그에 따른 쓰레기 비용을 부과해야 한다. 쓰레기봉투 대신에 반복적으로 사용할 수 있는 쓰레기통을 배치하고 폐기 시점에 분리수거를 철저히 하도록 하는 것이다. 쓰레기봉투에 비용 부과할 것이 아니라, 인당 산출된 쓰레기 배출량을 기준으로 비용을 부과해야 한다.

만일 쓰레기통 크기를 넘는 쓰레기양을 배출하는 가구에는 추가적인 비용을 부담하게 한다. 그리고 배출되는 쓰레기양에 따라 쓰레기통의 크기를 선택할 수 있도록 한다. 이렇게 하면 쓰레기 재생 비율을 높이기 위한 가장 첫 단계인 분리수거를 명확히 할 수 있다. 그러면 회수를 위한 물류비용과 분리를 위한 비용과 재생 비용을 줄여 더 많은 경쟁력을 갖출 수 있다. 재생하기 위해 지출해야 하는 비용은 무엇일까? 수거 비용, 운반 비용, 분리 비용, 재생 비용 등이 있다. 수거는 지정된 장소가 집중되어 수거하는 양이 많을수록 비용이 줄어든다. 운반비용은 운반 차량의 적재량이 한계가 있어서 쓰레기의 부피가 클수록 운반 비용은 늘어난다. 그래서 쓰레기 수거 장소에 부피를 줄일 수 있는 압축기를 설치하여, 부피를 최대한으로 압축하여 수거 장소에서 재생 장소로 운반할 때 운반 비용을 낮출 필요가 있다. 폐기 단계에서 분리가 잘 된다면 별도로 재분리의 과정이 필요 없으므로 분리비용을 낮출 수 있다. 그렇게 하면서 폐기되는 쓰레기를 종류별로 잘 분리를 하여 재생할 쓰레기의 품질수준을 높여야 한다.

또 하나 중요한 것은 재생 비용을 줄이기 위해서는 규모의 경제가 되어야 한다. 규모의 경제가 된다면 최신의 대형 설비도 필요한 것이 사실이다. 유럽의 최신 전자제품 폐기시설을 방문해 보니, 사람의 손을 거치지 않고 거의 전자동의 설비로 유리, PCB 기판[18], 기타 물품으로 분리하고 대형 분쇄기로 분

---

18 인쇄회로기판으로 저항기, 콘덴서, 집적회로 등 전자 부품을 인쇄 배선판의 표면에 고정하고 부품 사이를 구리 배선으로 연결해 전자 회로를 구성한 판.

쇄를 한 후, 체를 활용하여 무게에 따라 금속을 분리하고 송풍 방식과 물을 이용하여 재생할 물질들을 종류별로 분리를 한다. 이런 대형 설비의 시스템을 활용하니 가격 경쟁력 뿐만 아니라 재생 물질의 품질이 균등하다. 즉 재생된 원재료는 순도와 품질이 좋아 재사용하더라도 신재라 불리는 새 원재료와 비교해도 문제가 없다. 그러므로 재생은 최신 설비를 활용하여 재생 비용을 낮추고 품질 향상으로 원재료로 사용되는 비율을 높여야 한다. 그런 점에서 쓰레기 배출 시스템인 종량제 방식에 대해서 전반적인 재검토가 필요한 것이다.

우리는 입버릇처럼 환경보호를 외치지만 진심으로 환경을 고려하는지 생각해 보아야 한다. 말로는 환경보호라 외치지만 개인의 편리함만을 생각하고 지출해야 하는 비용에 관심이 더 있다. 그래서 표현은 환경을 생각하고 아끼지만 실제로는 나만 편하고 내가 적은 돈을 내는 것에 더 관심을 두고 있는 것이다.

그런 점에서는 일본 기업들의 환경을 생각하는 활동과 일본인들의 실천을 배울 점이 많다. 일본의 유명한 종합상사를 방문하였다가 자동차를 그려 놓고 폐차할 때 80% 이상을 재생하겠다는 목표를 보았다. 구체적으로 어떤 원재료를 어떻게 재생하겠다는 방안까지도 제시를 하는 모습에서 상당한 감명을 받았다. 또한 일본 기업들이 자발적 재생 복사용지를 사용하는 모습도 인상적이었다. 하얀색의 깨끗한 복사용지 보다도 색상도 신문용지와 비슷한 용지를 더 비싼 가격으로 사용한다니 이해가 가지 않았다. 그런 일본 직원의 답변이 참으로 가슴에 와 닿는다. '지금 우리가 사용하지 않는다면 종이 재생이 어려워질 것이고, 우리가 사용하여 경제적 규모가 달성되는 순간 새 용지보다 가격이 내려가게 될 것이다.' 벌써 20여 년 전의 이야기이니, 지금은 경제적 규모를 달성하여 재생용지가 새 용지보다 가격이 낮아졌으리라 믿는다. 최근 전시회에서 만난 일본 기업체 담당자에게 카탈로그를 요청하였더니

ESG[19]를 실천하기 위해 디지털화하여 QR코드[20]를 인식시켜 다운로드하거나 아니면 홈페이지에서 다운로드하면 된다는 답변을 들었다. 그 전시회에 참가한 어느 한국 기업으로부터 이런 답변을 듣지 못했다. 이제 말이 아니라 실천으로 효율적인 환경보전을 해야 할 때이다.

19   환경, 사회, 지배구조의 영어 약자로, 기업의 지속 가능한 발전을 위한 경영 방식.
20   컴퓨터로 만든 2차원 바코드로 다양한 용도로 널리 사용됨.

숙이다

"

감사한 마음뿐만 아니라, 잘못에 대해서도 겸허히 고개 숙여야 한다.

"

우리는 언제 고개를 숙일까? 누군가에게 감사하고 존경의 의미를 나타낼 때 또는 자기 잘못을 인정하고 이를 사과하는 의미에서 고개를 숙인다. 고개를 숙인다는 행위에서는 같은 일이지만 그 의미에서는 사뭇 다르다.

세상에서 가장 소중하고 중요한 것이 자신의 생명이고 그다음으로 중요한 것이 사랑하는 가족들의 생명일 것이다. 그런 소중한 생명을 내가 아닌 남을 위해서 희생한 사람이라면, 당연히 존경받고 고개 숙여 감사하는 대상이 될 수 있는 자격이 있는 것이다. 특히 국가를 위해서 그렇게 소중한 자신 또는 자기 가족이 생명을 바쳐 국가를 지키려고 했던 사람들을 국가 유공자라고 부른다. 우리가 국가 유공자를 존경하고 그런 분의 가족들에게 특별한 혜택을 제공하는 것을 당연하다고 할 것이다.

자유의 가치를 지키기 위해 자신의 조국이 아닌 곳에서 공산주의에 대항하여 목숨을 걸고 전투를 한 사람들이 있다. 그런 사람 중에는 소중하고 고귀한 생명을 바치고 아직 유해마저 찾지 못하는 사람들도 있고, 평생을 전쟁의 상처를 몸에 남기고 살거나 살았던 분들도 있다. 또 그런 분들의 가족들도 있다. 만약 그 반대 상황이 되어 자유의 가치를 위하여 나의 형제나 자식이 다른 국가에 파병[21]을 한다면 여러분은 동의하겠는가? 그렇게 파병을 한 형제

---

21 군대를 외국에 파견하는 행위.

나 자식이 아직도 피어보지도 못한 나이에 그 소중한 목숨을 잃고 아직 유해를 찾지 못하는 상태라면 어떻게 할 것인가? 국가를 지키기 위해 목숨을 바친 국가 유공자와 다름없이 감사하고 존경받기를 바랄 것이다. 그런 자유를 지키기 위한 소중한 희생이 없었다면 오늘 우리는 이 자리에 없거나 존재하였다 하더라도 자유민주주의가 아닌 체제하에서 고통 받으며 살아가고 있을지도 모른다.

우리의 전쟁사에서는 많은 일화가 있지만, 중공군의 참전으로 남쪽으로 밀리기만 하던 전세를 중공군 상대로 최초의 승리로 중공군을 몰아내고 북진의 기회를 만들어낸 지평리 전투가 있다. 지평리 전투에서는 영웅적 전과를 세운 미국과 프랑스 군인들이 있었다. 하지만 많은 사람이 그들의 희생을 모르거나 기억 못하고 있다. 우리의 자유를 위하여 목숨을 걸고 지켜 준 사람들인데도 우리는 그들에게 감사할 줄도 고개 숙일 줄도 모른다. 지금이라도 역사에 대해 제대로 배우고 널리 알리는 계기가 되어 도움을 준 사람에게 감사해야 한다. 우리의 자유와 평화를 위해 공헌한 사람들을 위해 고개 숙여 존경의 마음을 표현하는 것이 바람직한 자유민주주의 국가 시민의 모습일 것이다.

북한이 남한을 공산화하려는 전략으로 발발한 6.25 동란에서 전력이 우세한 북한군의 진격을 저지한 것은 대구를 지키려는 유엔군과 국군의 연합작전으로 승리를 가져온 다부동 전투에서 시작되었다. 그리고 인천상륙작전으로 북한군의 허를 찌르고 압록강까지 진격하였다. 하지만 중공군의 공세가 시작되면서 후퇴를 거듭하여 평양과 서울까지 북한군에게 밀리게 되었다. 이런 중공군을 상대로 승전한 최초의 전투가 지평리 전투였다. 지평리 전투의 승리를 계기로 UN군은 중공군에 대한 자신감을 갖기 시작하여 38도선을 회복하는 반격의 발판이 되었다.

당시 중공군의 병력과 UN군의 병력 규모는 10대 1 정도로 압도적인 병력의 차이를 극복한 전투로 미군의 제23연대 연대장 폴 프리먼 대령과 프랑스에서 파병된 대대급 병력을 지휘한 랄프 몽클라르 대대장의 뛰어난 전술과 솔선수범에 부대원들이 목숨을 걸고 용맹한 전투를 한 덕분이었다. 프랑스군 랄프 몽클라드는 별이 세 개인 중장의 계급에서 파견되는 대대의 급에 맞추어서 자진하여 중령으로 강등하여 참전하였다. 그런 몽클라르 장군이 아내에게는 '전쟁터로 향하는 나를 반대하는 당신의 마음도 이해는 합니다. 하지만 공산주의 세력은 반드시 무찔러서 한국의 자유를 지켜야 합니다. 이 일은 군인으로 사는 내게 주신 하느님의 명령입니다.'라고 했다. 아들에게는 '사랑하는 아들아, 너는 내가 한국으로 떠난 이유를 언젠가는 물을 것이다. 아버지는 너와 같은 어린 한국의 아이들이 길에서, 물에서, 눈 속에서 헤매지 않도록 여기 있다.'라고 하였다고 한다.

미 24사단 제23연대장이었던 폴 프리먼 대령은 박격포탄 파편으로 다리에 부상하였음에도 불구하고 후송을 거부하였다. 그는 후임자가 정착할 때까지 지휘하면서 '내가 부하들을 이끌고 여기까지 왔다. 내가 반드시 이들을 데리고 나갈 것이다.'라는 말을 남겼다. 전쟁에 참여하여 영웅적 전과를 세운 이런 분들도 있지만, 우리는 국가 유공자 및 유엔군 유가족들에게도 감사하고 고개 숙여야 한다는 것을 전쟁의 비참함을 말해주는 학도병의 편지를 통하여 느낄 수 있다. 겨우 17살의 나이로 참전한 전장의 현장에서 괴로움과 무서움을 표현하였던 그는 결국은 주검으로 돌아왔다. 그의 품속에서 발견된 어머니에게 보내는 편지를 통해서 여러분이 이 학도병의 부모라면, 가족이라면 어떤 생각이 드는가? 우리는 지금의 자유 대한민국을 지켜낸 분들께 진심으로 고개 숙여 감사해야 할 것이다.

'서울 동성중학교 3년 학도병 이우근이 어머니께 보내는 편지'

"어머님! 나는 사람을 죽였습니다. 그것도 돌담 하나를 사이에 두고, 십여 명은 될 것입니다. 저는 2명의 특공대원과 함께 수류탄이라는 무서운 폭발 무기를 던져 일순간에 죽이고 말았습니다. 수류탄의 폭음은 저의 고막을 찢어 놓고 말았습니다. 지금 이 글을 쓰고 있는 순간에도 제 귓속은 무서운 굉음으로 가득 차 있습니다. 어머님, 괴뢰군의 다리가 떨어져 나가고, 팔이 떨어져 나갔습니다. 너무나 가혹한 죽음이었습니다. 아무리 적이지만 그들도 사람이라고 생각하니 더욱이 같은 언어와 같은 피를 나눈 동족이라고 생각하니 가슴이 답답하고 무겁습니다. 어머님! 전쟁은 왜 해야 하나요. 이 복잡하고 괴로운 심정을 어머님께 알려 드려야 내 마음이 가라앉을 것 같습니다. 저는 무서운 생각이 듭니다. 지금 제 옆에는 수많은 학우들이 죽음을 기다리고 있는 듯, 적이 덤벼들 것을 기다리며 뜨거운 햇볕 아래 엎디어 있습니다. 저도 그렇게 엎디어 이 글을 씁니다. 괴뢰군은 지금 침묵을 지키고 있습니다. 언제 다시 덤벼들지 모릅니다. 저희들 앞에 도사리고 있는 괴뢰군 수는 너무나 많습니다. 저희들은 겨우 71명뿐입니다. 이제 어떻게 될 것인가를 생각하면 무섭습니다. 어머님과 대화를 나누고 있으니까 조금은 마음이 진정되는 것 같습니다. 어머님 어서 전쟁이 끝나고 어머님 품에 안기고 싶습니다. 어제 저는 내복을 제 손으로 빨아 입었습니다. 비눗내 나는 청결한 내복을 입으면서 저는 한 가지 생각을 했던 것입니다. 어머님이 빨아주시던 백옥 같은 내복과 제가 빨아 입은 그다지 청결하지 못한 내복의 의미를 말입니다. 그런데 어머니! 어쩌면 제가 오늘 죽을지도 모릅니다. 저 많은 적들이 저희를 살려두고 그냥은 물러갈 것 같지가 않으니까 말입니다. 어머님, 죽음이 무서운 것은 결코 아닙니다. 어머니랑 형제들도 다시 못 만나고 죽을 생각을 하니, 죽음이 약간 두렵다는 말입니다. 하지만 저는 살아야겠습니다. 꼭 살아서 돌아가겠습니다. 왜 제가 죽습니까, 제가 아니고 제 좌우에 엎디어 있는 학우가 제 대신 죽고 저만 살아가겠다는 것은 절대로 아닙니다. 천주님은 저희 어린 학도들을 불쌍히 여기실 것입니다. 어머니 이제 겨우 마음이 안정이 되는군요. 어머니, 저는 꼭 살아서 어머님 곁으로 달려가겠습니다. 웬일인지 문득 상추쌈을 먹고 싶습니다. 그리고 옹달샘의 이가 시리도록 차가운 냉수를 한없이 들이키고 싶습니다. 어머님! 놈들이 다시 다가오는 것 같습니다. 다시 또 쓰겠습니다. 어머니! 안녕! 안녕! 아, 안녕이 아닙니다. 다시 쓸 테니까요… 그럼….”

우리는 우리에게 도움 준 사람들에게 존경의 표시나 감사의 표현으로 고개를 잘 숙이지 않지만, 정치인들은 자신들이 저지른 잘못에 대한 반성의 고개를 숙이지 않고 있다는 것이 우리 사회의 또 다른 문제이다.

잘못을 저지른 사람들이 똑같은 잘못을 저지르는 것을 방지하는 데 필요한 것이 반성이나 참회의 과정이다. 잘못한 사람이 잘못한 점에 대하여 뉘우치는 과정을 거쳐야 하지만, 우리의 정치인들은 무조건 잡아떼기만 한다. 자기 잘못이 아니라며 법정에서 모든 것을 밝히겠다고 말하고는 법정에서는 묵비권을 행사한다. 결국은 자신의 불리한 진술에 대해서 피하려는 것이다. 이러한 사회 지도층 인사들의 행태는 결국 사회 전반의 사람들의 삶에도 영향을 미친다. 사람들 간의 갈등은 극단으로 치닫고 결국 법정에서 결론을 지어야 하는 경우가 늘어나고 있다. 하지만 법정에서 이루어져야 할 법적 판단도 자꾸만 지연되기만 한다. 결국 갈등의 불씨가 꺼지는 것이 아니라 미루어지고만 있다. 잘못을 저지른 자나 범죄자마저도 제때 법적 처벌 받지 않으니 어떤 방법을 사용해서라도 판결 자체만을 미루려는 시도를 하게 된다. 게다가 판결이 나고 나면 이미 주어진 임기를 다 채우고 활동은 활동대로 하고, 세비까지 다 받는다. 이러니 “잘못에 고개를 숙이고 인정하고 사과하는 것은 바보"라는 인식이 강해지고 모든 사람이 최종 결정이 날 때까지 끝까지 가겠다고 생각한다. 이런 법을 만든 자체가 잘못된 것이 아닌가? 그리고 1심의 판단 결과가 아니라 3심인 대법원판결까지 확정이 나야 출마를 못 하도록 법을 만든 자체가 잘못되었다. 그런 법은 잘못을 저지르고도 자기 잘못은 인정하지 않고 끝까지 버티기를 하는 정치인들에게 도움이 되고 유리하지 않은가? 이런 법이나 제도가 계속 유지된다면 자신이 저지른 잘못이나 죄에 대해 책임을 지고 고개를 숙이는 양심 있는 정치인들은 없어질 것이다. 사회 지도층뿐만 아니라 일반인들마저도 자신은 잘못이 없다는 주장을 계속할 것이다.

재판의 결과가 나오지 않게 지연 전략만 짜다가 사람들의 기억 속에서 사라진 후에는 아무런 잘못이 없었던 것처럼 또 다른 주장을 할 것이다. 이미 이런 현상을 우리는 정치인들의 재판에서 보고 있고, 앞으로는 더 많이 보게 될 것이다.

지금이라도 잘못된 법이나 제도를 바로 잡지 않으면 "악화가 양화를 구축"[22] 하듯이 잘못에 대한 책임보다는 잘못하고도 큰소리치는 이들이 더 많아지는 이상한 나라로 점점 변해갈 것이 분명하다. 그뿐만 아니라 반성 없는 잘못은 또다시 반복된다는 것이다.

거짓말을 일삼던 양치기 소년에게 따끔한 체벌을 가하였다면, 그의 목숨뿐만 아니라 아무런 죄 없는 선량한 양들의 희생을 막을 수 있었던 것처럼, 우리는 거짓말로 선동한 정치인, 교수, 언론인을 비롯하여 누구든지 따끔하게 그들이 저지른 잘못에 대한 사과와 함께 분명한 책임을 지도록 해야 한다. 그래야만 그런 일이 다시 반복되지 않을 것이다. 언론의 진정한 역할이 거짓말

---

22   가치가 다른 화폐를 공용하게 되면 가치가 낮은 화폐만 남게 된다는 것.

로 선동한 이들에게 고개를 들지 못하도록 잘못에 책임을 지도록 하는 것인데, 그런 본연의 역할을 제대로 하는 언론이 없다. 미래의 알 수 없는 사실에 관하여 주장은 할 수 있다. 하지만 우리 사회를 혼란에 빠뜨리고 헤아릴 수 없는 사회적 비용 손실을 치르게 하는 허황한 거짓 주장에 대한 책임은 분명히 져야 한다. 그런데도 그런 언론의 역할을 요구하는 국민이 없다. 결국 요구하는 국민이 없으니 언론도 그 역할을 제대로 하지 않는 것이다. 그뿐만 아니라 시간이 지나면 그런 거짓말이나 허황한 주장을 한 사실마저도 기억하지 못한다. 어쩌면 우리 국민 수준의 문제이다. 이렇게 잘못에 대한 사과와 책임을 지는 사람이 없으니 허황한 거짓 주장은 반복되고 그 주장을 믿고 거리로 나서는 사람들이 있다.

이제라도 늦었지만 누구를 막론하고 자유롭게 의견을 표명할 수는 있지만 분명히 자신이 밝힌 의견에 따른 책임을 명확히 지도록 하는 것이 바로 진정한 자유민주주의로 가는 길일 것이다.

2부

태양이라고 믿는 닭

국가가 삶을 책임진다고 믿는 사람들

"한번 시작된 보편적 무상지원책은 중단되기보다는, 지원 부문이
확대되고 더 많은 무상 지원을 하겠다는 정치인이 늘어만 갈 것이다."

우습다

"
자신의 생명을 구해주고 자유를 지켜준 사람을
친일파로 욕하는 어리석음은 웃음거리다.
"

우리는 농담 삼아 가끔 닭대가리라는 표현을 쓴다. 닭대가리의 사전적 의미는 "기억력이 좋지 못하고 어리석은 사람"을 일컫는 말이다. 그런데 우리 중에 정말 닭대가리가 많은 것인지 아니면 알고도 모르는 척하는 것인지 이거 참 우스운 이야기가 아닌가!

대통령 후보로 나선 분이 후보들 간의 토론에서는 단군 이래 최대의 업적이라고 그렇게 내세우던 대장동 사업에 관해 갑자기 나는 모르는 일이라고 한다. 아래 사람들이 보고도 안 하고 다 알아서 한 일이라며 함께 출장을 갔던 부하직원도 모르는 사람이라고 잡아떼고 있다. 아니 세월호 사건이 일어났을 때 광화문 광장에서 단식까지 하면서 대통령이 책임져야 한다고 한 사람이다. 그런데 대장동 사업은 모든 것이 밑에 사람들이 알아서 한 것이고 자신은 책임이 없다고 한다. 자신이 한 일을 책임지지 않으려고 때에 따라 다른 말을 하는 사람이 전임 대통령에게는 전혀 관계없는 일까지 책임져야 한다며 단식투쟁까지 벌였다. 그런데도 좋다고 지지하는 사람들이 많다. 옳고 그름은 어디에 가고, 내가 지지하는 당이니까? 말을 잘하니까? 이유야 많겠지만 심판이 되어야 할 국민이 반칙을 눈감아 주는 꼴이다. 경기 진행하면서 옐로카드를 준 사실을 기억 못하는 심판이라면 '닭대가리'라고 하는 게 당연하지 않을까?

우리 주변에는 코미디 같은, 말도 안 되는 주장을 하는 일부 정치인들이나 단체뿐만 아니라 명색이 대학교수수라면서 이상한 논리의 주장을 공공연하게 펼치는 사람들이 많다. 그런 주장에 동조하는 사람들이 있다는 사실은 우리의 수준이 양계장의 닭들 수준이라는 것을 반증하는 것이다. 그 대표적인 주장 중의 하나가 친일파 논란이라고 생각한다.

먼저 친일파의 사전적 의미를 찾아보면 "일본과 친근한 파 또는 일제 때 반민족적 행위를 한 무리"라고 되어 있다. 그런데 반민족 행위에 대한 자세한 설명은 없다. 일본 또는 일본인과 친하다고 친일파라는 정의가 옳다고 생각하는가? 운동경기를 비교하면, 개인적으로는 상대 선수들과 친하게 지내는 선수가 있지만 경기에서는 소속된 팀을 위해서 최선을 다하거나 맡은 바 임무를 잘하여 승리에 이바지하는 선수들이 있다. 그런 선수들이라고 해서 상대 팀과 내통한다고 보고 나쁘게 보는 것이 바르지 않는 것과 마찬가지가 아닐까?

친일파라며 국립현충원에 묻히는 것을 반대하여 결국 대전현충원에 묻힌 백선엽 장군의 사례를 살펴보자. 백선엽 장군은 일제강점기인 1920년 평안남도 강서군 덕흥리에서 빈농의 아들로 태어나 7세 때 아버지를 여의고 평양으로 이주하여 평양사범학교에 진학했다. 1939년 3월 졸업한 뒤 교직에 종사하였다가 1941년 만주국 중앙육군 훈련처 9기 군관 후보생으로 입교하여 1942년 보병 제28단에서 견습 사관을 거쳐 소위로 임관하였다. 1943년 2월 간도특설대에 배치되어 광복을 맞이할 때까지 근무하였다. 1년 6개월의 간도특설대 근무를 이유로 친일반민족행위자로 규정을 하고 있지만 간도특설대 근무 기간에 조선인을 살상하였다는 명확한 자료도 없이 단순한 추정을 근거로 한다. 해방 후 1945년 12월에 월남하여 군사영어학교를 거쳐 국방경비대에 입대 후 국경경비대가 정식으로 한국군이 되면서 6.25 동란 당시에는 1950년

4월 22일 제1사단장으로 육군보병학교 고급 간부 훈련을 받는 중이었으며, 1950년 6월 25일 07시경에 부관으로부터 전쟁 반발의 연락을 받고 본격적으로 사단을 지휘하기 시작하여 효과적인 봉일천 방어를 시작으로 한강 방어선 전투 등을 하였다. 전황[23]이 악화하여 결국 낙동강까지 후퇴하였다.

낙동강을 방어선으로 대구를 사수하기 위한 최후의 보루인 칠곡 왜관을 중심으로 낙동강 전선에서 전략적으로 가장 중요한 곳을 백선엽의 국군 1사단이 방어를 담당했다. 북한군은 인민군 제3사단, 제13사단, 제15사단을 3개 사단을 동원하여 집요하게 공격하였다. 1950년 8월 1일부터 1950년 9월 18일 인천상륙작전에 성공할 때까지, 백선엽 장군은 인민군 3개 사단을 맞이하여 턱없이 부족한 병력과 무기에도 불구하고 이곳을 방어하는 데 성공하였다. 칠곡 왜관을 두고 벌였던 '다부동 전투[24]'는 6.25동란 중에서도 가장 치열한 전투로 손꼽히고 있다. 백선엽 장군의 성공적인 방어로 대한민국이 북한의 침략을 물리칠 수 있는 계기를 마련하였던 것이다.

1950년 8월 20일 전투에서 백선엽 장군은 고지 탈환을 위해 대대 병력을 직접 진두지휘하면서 권총을 들고 병사들과 선봉에 서서 적진으로 돌격하면서 남긴 말이 아직까지 유명한 일화로 남아 있다.

"모두들 앉아 내 말을 들어라. 그동안 잘 싸워주어 고맙다. 그러나 우리는 여기서 더 후퇴할 장소가 없다. 더 밀리면 곧 망국이다. 우리가 더 갈 곳은 바다밖에 없다. 저 미군을 보라. 미군은 우리를 믿고 싸우고 있는데 우리가 후퇴하다니 무슨 꼴이냐. 대한 남아로서 다시 싸우자. 내가 선두에 서서 돌격하

---

23 전쟁에서 벌어지고 있는 상황.
24 6.25 전쟁 당시 가장 치열했던 전투로 낙동강을 중심으로 북한국의 공격을 막아 반격의 계기를 만듦.

겠다. 내가 후퇴하면 너희들이 나를 쏴라."

병력과 장비가 절대적인 열세인 상황에도 불구하고 북한군 3개 사단을 상대로 낙동강 전선과 대구사수 성공으로 미군이 한국군에 대한 인식이 달라지는 계기가 되었다. 이전까지는 미군은 전쟁에서 제대로 싸우지 못하는 한국군을 극도로 불신하였던 것이다. 뿐만 아니라 백선엽 장군은 빨치산 토벌에도 탁월한 기량을 발휘하였다. 휴전을 앞두고 벌인 전투에서는 북으로 진격과 진격을 거듭하였다. 그의 뛰어난 전략과 전투로 우리가 강원도 지역에서 38선보다 훨씬 위쪽을 차지할 수 있게 된 것이다. 백선엽 장군의 뛰어난 전과에 미국에서도 전쟁의 영웅으로 존경하고 예우를 하고 있다. 그런데 그의 뛰어난 전과로 나라를 지키고 영토를 확장했는데, 그런 영웅을 친일파라는 허울을 씌워 폄훼[25]하고 국립묘지에 묻히는 것까지 반대한다는 것이 있을 수 있는 일인가?

만일 일부 정치인들의 논리와 같다면 양계장의 닭들 중에서 늑대에게 배운 기술로 닭들의 생명을 구하였는데, 늑대에게 배울 당시에 닭을 공격하는 연습을 했으니 닭 생명의 은인이 아니라 닭의 적이라는 표현이 맞는가? 이런 얘기를 한다면 코미디 같은 소리라고 웃음이 나오지 않을까?

우리가 친일파라면서 욕하는 사람들 중에는 그저 힘없는 국민으로서 나라 잃은 서러움에 차별과 멸시를 받으면서도 나름대로 최선을 다하고 노력했던 분들이 있다. 지배 국가인 일본이 언어 말살 정책에 의무적으로 일본 이름을 채택하도록 하였다. 그런 언어 말살 정책에 따를 수밖에 없었던 국민이 무

25 다른 사람을 깎아내리고 헐뜯는 것.

슨 죄가 있으며, 죄가 있다면 그렇게 나라를 잃게 하였던 정치인들이 잘못 아닌가? 우리가 누구에게 속아서 잘못을 저질렀다고 하더라도 속은 사람의 잘못은 없다고 하지 않는다. 침략한 일본의 잘못도 있지만 이렇게 나라를 빼앗겨 국민을 비탄으로 빠져들게 한 사람들에 대해 이야기는 하지 않고 있다. 그러면서 힘없는 국민 중에서 그래도 노력하고 발버둥을 치며 열심히 살아왔던 일부의 지도층 사람들에 대한 비난만 있는지 이해를 할 수가 없다.

성경에도 예수님의 말씀으로 마태복음 25장 14~30절에 있는 달란트 비유와 같이 "아무것도 안 하고 가만히 있는 사람이 잘못된 것이다." 나라를 잃은 암흑기에도 나름대로 배우고 더 잘 되기 위해 노력하였던 분들이 있었기에 우리의 대한민국이 존재할 수 있는 것이다. 배우고 경험하지 않았다면 어떻게 전쟁에서 병사를 지휘하고 대한민국의 헌법을 제정하고 행정의 기초를 만들 수가 있었겠는가?

망국의 서러움 속에서도 배우려고 노력한 사람들을 욕하고 친일파라 지칭할 것이 아니라 그런 배움을 어디에 사용했는가가 더 중요한 것이다. 그 배움과 경험으로 대한민국의 기초가 되고 발전에 기여하고 국민의 삶을 향상하는데 헌신하고 국가를 지키기 위해 목숨을 걸고 싸웠다. 그러면 일부가 주장하는 친일파가 아니라 애국자로 당연히 지칭하여야 할 것이다.

오히려 더 욕하고 멍에가 씌워져야 할 사람들은 국민의 소중한 세비를 받으면서 국가와 국민을 위한 일이 아니라 자신의 출세와 개인적인 영달만을 생각하는 일부의 정치인들이다. 그런 정치인들이 양계장 주인의 동업자처럼 권력을 잡으면 그들에게 빌붙어 권력의 혜택을 보려는 자들이다. 마치 양계장 주인의 동업자처럼 자신의 출세와 권력을 위하여 거짓말하는 대법원장과 대법관의 자리에서 재판 거래를 한 것으로 의심받는 코미디 같은 삶을 살아온 사람들을 비난하고 손가락질하여야 할 것이다. 다시는 이런 일이 반복되지 않도록 국민이 바로 알아야 한다.

자신의 생명을 구해주고, 자유를 누릴 기회를 제공하고, 잘 먹고 잘살게 해준 사람에게 친일파라는 멍에를 씌워 욕하고 비난하는데 동조하는 사람들을 보면서, 일부의 정치인들은 얼마나 국민을 우습게 생각하며 속으로 웃고 있을 것인지에 대해 생각해 보기 바란다.

탓하다

"
국가나 조상을 탓할 것이 아니라
달콤한 위로나 하는 정치인들을 탓해야 한다.
"

서투른 목수 연장 탓한다더니 개개인의 현재 삶의 모습은 개개인이 져야 할 책임이 있는 것이지 그 누구도 대신해서 책임을 질 수 없는 것이 인생이다.

우리의 조상들은 나라를 잃은 암울한 상황에서 멸시와 차별을 받았다. 그러면서도 조국 대한민국을 위하는 일은 자신의 발전을 도모하는 것으로 굳건하게 믿었다. 자신이 잘 되는 것이 국가의 자주권을 되찾는 길이라 생각하였다. 그러하였기에 그런 힘든 상황에서도 일본인들의 몇 배의 노력으로 그들과 경쟁에서 당당히 이겼다. 그런 어려운 과정을 거쳐 관직에도 오르고 장교가 되기도 하였다. 그렇게 지배자인 일본인을 이겨 눈에 보이지 않는 힘과 희망으로 암울했던 시절의 핍박받던 우리 국민에게 자랑거리가 된 것이다. 그런 분들이 있었기 때문에 그분들의 경험과 바탕이 기초가 되어 오늘의 대한민국을 설계하고 기본적 틀을 만들 수 있었다. 그런데 여러분이 친일이라고 주장하는 그런 지식과 경험을 가진 분들이 계시지 않았다면 어떻게 오늘의 대한민국을 이룩할 수 있었을까?

아무 경험도 지식도 없이 그저 농사를 지었던 사람들, 그리고 나라를 되찾겠다며 독립운동한다며 만주 들판에서 쫓기어 다니기만 하였던 독립운동가들…. 만일 그들만 있었다면 오늘날의 대한민국 기초를 만들고, 국가의 틀인 헌법을 만들고, 법체계를 만드는 게 가능했을까? 그런 경험과 지식이 없었다면 행정체계를 구축하고, 국방의 기초인 국군을 창설하고 군대의 체계와 군사훈련은 누가 담당할 수가 있었으며, 그럼 북한이 일으킨 6.25 동란에서 우리의 자유와 국가를 지킬 수 있었을까?

공산군의 침입으로부터 낙동강을 사수하면서 왜관의 다부동 전투에서 최초로 승리의 기반을 마련한 백선엽 장군도 일본에서 군 생활을 하면서 배운 전술과 군사 경험이 승리의 바탕이 되었다. 그런 승리의 기반도 배운 지식과 경험이 있었기에 가능했던 것이다. 절체절명의 위기에서 낙동강을 사수하여 반격의 기회를 잡으면서 미국으로부터 영웅이라는 칭호까지 받은 백선엽 장군이다. 그런 영웅을 친일파로 몰아서 국립현충원에 안장되는 것을 반대하는 국민이 있었다. 우리 국민이 올바른 정신을 갖고 올바른 판단을 한다면 그런 국민이 있을 수 있을까? 지금이라도 토론의 기회를 마련하는 것이 옳을 것이다. 어떻게 따지면 독수리로부터 목숨을 걸고 지켜주었더니, 독수리에게 그런 싸움의 기술을 배웠다고 독수리 편이니, 닭들의 존경을 받으면 안 된다는 논리와 무엇이 다른 것인가? 그런 논리가 맞는지 지금이라도 곰곰이 생각해 보기 바란다.

지금 우리가 이룬 경제적인 부와 자유는 배움의 지식과 경험을 통해 몸으로 익힌 능력을 갖춘 그런 분들이 있었기에 가능하였다. 그런 분의 덕분에 해방의 혼돈과 전쟁이라는 절체절명의 위기에서도 우리가 대처하고 위기를 극복할 수 있었다. 그런데도 그때의 암울한 상황이나 시대적 배경을 무시한 채 국가를 위해 헌신한 분들을 친일파로 비난하여 매국노로 몰아세우는 국민이야말로 얼마나 어리석은 국민이란 말인가? 그 시대 상황을 정확히 알기 위해서라도 역사 공부와 함께 사려 깊은 생각을 할 수 있는 사고력을 갖추려는 노력을 하여야 한다. 그런 노력은 하지 않고 양계장 닭장 속의 닭처럼 어제의 일은 까마득하게 잊어버리고 오늘 주는 모이에만 관심을 둔다면, 올바른 사리 판단할 수 없는 닭장 속의 닭 같은 국민이라 아니 할 수 없다.

일본의 지배로 나라 잃은 서러움을 당하면서도, 전쟁으로 모든 게 파괴되고 폐허가 된 상황에서도 우리의 조상님, 부모님, 형님, 언니, 선배님들은 그런 상황을 탓하고 포기하고 낙담하고 주저앉기보다는 어떻게라도 살아야 한다고 생각했다. 가진 것 하나 없이 배고픔 속에서도 그 어려움을 극복하면서 우리도 잘 살 수 있다는 희망을 품고 "잘살아 보세."를 외치면서 지금의 대한민국을 만든 것이다. 그런데 그런 어려움 속에서 오늘의 대한민국을 경제적 부국으로 만들어 놓으니 이렇게 좋은 환경에서 배불리 먹고 편안하게 그 혜택을 누리는 세대들이 오히려 남 탓만 하고 있다. 자신은 노력하지 않고 핑곗거리로 금수저니 은수저니, 흙수저니 하여 결국 자신의 처지를 자조적으로 한탄만 하려고 하고 있다. 이런 한탄은 자신이 노력하지 않은 잘못에 대한 책임은 지지 않고 남 탓만 하려는 것이 아니면 무엇이겠는가.

지금 여러분들이 금수저, 은수저, 흙수저라고 나누는 자체가 자신은 노력하지 않고 자신의 처지를 한탄하는 것이다. 그러면서 자신의 인생에 대한 책임을 남 탓으로 돌리려고 하는 것이다. 그것이 아니라면 금수저니, 은수저니, 흙수저니 나눌 아무런 이유도 없을 것이다. 일종의 핑계인 남 탓, 연장 탓을 하기 시작한다면 그런 핑계와 탓은 끝도 한도 없다. 핑계 없는 무덤이 없다고 하지 않았던가?

골프에서도 농담 삼아 골프가 안 되는 이유가 100가지도 넘는다고 한다. 그런데 골프도 누가 대신해서 해 줄 수 있는 것이 아니다. 자신이 보고 상황 판단을 하고 클럽을 결정하고 스윙을 자신이 하고 그 결과를 기록지에 기록하고 최종인 타수의 합계로 승부를 가리는 것이다. 모든 것이 자신의 탓이지 누가 대신해 줄 수 있는 것이 아닌데도 때로는 캐디가 클럽을 잘못 골라주었다니, 클럽이 나쁘다니, 심지어 공이나 티마저 나쁘다고 탓하는 사람들이 있다. 그런 사람들치고 골프를 잘하는 사람을 보기 쉽지 않다. 세상의 모든 것은 내 탓이고 그 원인과 결과를 본인에게 찾아야 하는 것이다. 그런데도 여러분의 주위에서는 여러분을 위로나 하는 양, 여러분에게 위안을 주는 듯, 여러분의 편이라도 되어 주는 것처럼, '한 번만 사는 세상 실컷 즐기고 먹고 하고 싶은 것 다 하고 살지, 아등바등 경쟁하고 잘하려고 할 필요 없다. 그냥 개천에서 가재, 붕어, 개구리로 살면 되지, 용이 되려고 애쓸 필요도 없다'라고 말하는 정치인이 있었다. 그 말을 듣는 순간에는 어쩌면 그 말이 맞을지도 몰라 그렇게 힘들게 땀 흘릴 필요도 없다는 생각이 들 수도 있다. 그랬기에 뭐 하러 경쟁해 그냥 재미있게 먹고 놀고 그렇게 즐기기만 하면 될 것이라는 생각을 하고 즐기기만 하자며 '욜로'[26]를 외치던 시절이 있었다.

그런데 그때는 좋았던 것 같았는데 시간이 지나고 보니 먹고 노는 것도 지겨워진다. 그러면 새로운 즐거움을 찾고 싶은데, 가진 돈은 없다. 내가 놀고 먹을 때 아끼고 미래를 준비하였던 사람들은 더 편하고 좋은 생활을 한다. 그제야 자기 잘못을 뉘우치기보다는 자신의 신세를 한탄한다. 모든 것을 남 탓으로 돌리기 시작하는 것이다. 탓을 해야 한다면 신세 한탄이나 국가를 탓할 것이 아니라 다름 아닌 그런 달콤한 위로의 말로 여러분을 부추긴 나쁜 정치인들을 탓해야 할 것이다. 어린 시절 만화에 등장하는 사탄은 항상 달콤한 사탕을 나누어 주었다. 하지만 그 사탕으로 인하여 나중에는 더 큰 고통을 받도록 했다. 그래서 우리는 지금 달콤한 말로 위로 하고 복지라는 이름으로 무상으로 무엇을 주겠다고 말한다면, 이 사람 사탄이 아닐까 하고 생각해 보아야

---

26 You Only Live Once의 약자로 한번 사는 인생 지금, 이 순간을 즐기자

한다. 생각 없이 그 달콤함에 빠져든다면 훗날 그 달콤함은 몇 배의 고통이 되어 당신에게 크나큰 아픔을 가져다줄 것이기 때문이다.

그뿐만 아니라 사이다 발언이라는 말로 남을 비판하거나 비난에 몰두하는 정치인들이야말로 남 탓하는 정치인들로 자신의 부족함을 결국 다른 정치인을 끌어 내려서 자기의 존재감을 드러내려는 정치인들이다. 여러분의 현실을 남 탓으로 부추기만 할 뿐이지 마땅한 대안을 제시하는 것이 아니다. 현실을 극복할 의지와 노력을 강조하기보다는 위로하는 척, 도움을 주는 척하지만 결국은 양계장의 모이와 같은 미끼에 스스로 야성을 잃어버리고 양계장 닭장 속에 쉽게 갇힐 그런 존재로 만드는 것이 목적인 진짜 사탄 같은 존재이다. 그런 정치인들의 솔깃한 위안이나 위로 또는 공짜에 관심을 가질 것이 아니라 현실을 극복할 정신적 강인한 의지와 육체적 건강을 키워 스스로 현실을 극복하도록 해야 할 것이다.

미래의 주인공이 될 젊은이라면 아직도 흙수저라며 신세 한탄만 하고 있을 것이 아니다. 스스로 나의 인생을 개척하고 만들어, 나만의 멋진 인생을 살 희망을 생각해 보기 바란다. 세상에는 남을 탓하며 원망이나 비난하기보다는 감사해야 해야 할 일들이 너무나도 많다. 가장 먼저 이렇게 세상에서 삶을 가져다준 부모님께 감사해야 할 것이다. 우리가 함께 사는 지구 그리고 공기와 물, 어찌 보면 우리가 이렇게 먹고, 살 수 있는 것조차 감사해야 한다. 우리에게는 '보릿고개[27]'라는 말이 있었다. 먹을 양식은 다 떨어져 힘든 고개를 넘어야 하는 어려운 심정을 다음 보리 수확기까지 견뎌내기 위해 빗대어 말한 것으로 그 시절의 식량 사정이 얼마나 어려웠는지 잘 알 수가 있다. 그런 어려

---

27   식량이 부족하여 지내기가 어려운 상태로 곡식이 떨어지고 보리가 익지 않은 시기를 말함.

운 상황에서도 우리의 부모님들은 그 어려움을 극복하고자 나무껍질과 뿌리를 먹거나 온갖 풀뿌리와 심지어 흙까지 먹으면서 견디어 왔다. 지금의 우리는 얼마나 행복한 환경에서 사는 것인가? 세상에는 좋은 것이 꼭 좋은 것이고, 나쁜 것이 꼭 나쁜 것이 아니라는 '새옹지마[28]'라는 말이 있다. 오늘날 우리의 K푸드가 세계에서 주목받는 이유 중의 하나가 우리가 그런 어려움 속에서 온갖 나무와 풀에 대한 정보를 갖게 되었고 소나 돼지 심지어 닭마저도 버리는 부위 없이 먹는 방법들이 개발되었다. 가능하면 오랫동안 저장해서 먹을 수 있는 발효식품이나 저장식품들이 발달하였다. 그런 우리 고유의 차별화된 식품들이 세계에서 인정받으면서 K푸드가 주목받는 계기가 된 것이다.

미래의 주인공이 될 젊은이라면 아직도 흙수저라며 신세 한탄만 하고 있을 것이 아니라, 스스로 나의 인생을 개척하고 만들어, 어떻게 나만의 멋진 인생을 살 것인지 생각해 보는 계기가 되기를 바란다. 그런데도 아직도 나의 삶의 환경이 절망적이라고 생각이 든다면 전쟁 중인 우크라이나나 밀입국해서라도 한국에 와서 일하고 싶어 하는 동남아 국가의 젊은이와 비교해 보면 어떤 생각이 들까! 세상의 모든 것은 내 탓이로소이다.

---

28 좋은 일이 나쁜 일로, 나쁜 일이 좋은 일로 변할 수 있다는 인생의 교훈.

고맙다

"
정말로 고마움을 표현하고 진정으로 감사해야 할
사람들이 너무나 많다.
"

문재인 전 대통령이 2017년 5월 10일 세월호 사고의 희생자들을 추모하기 위해 전남 진도군 팽목항을 방문하여 방명록에 남긴 '미안하고 고맙다.'라는 표현이 아직도 무슨 의미인지는 알기는 어렵다. 하지만 우리에게는 고마워하고, 감사해야 하는 일들이 너무나도 많다.

가장 먼저 자신을 낳아 주신 부모님께 감사해야 한다. 어려운 환경에서도 자식들에게만 가난의 고리를 물려주지 않겠다고 잘살아 보자는 마음으로 최선을 다하셨다. 그리고 이역만리에서 광부와 간호사 생활을 한 우리의 선배들, 열사의 모래사막 중동의 건설 현장에서 피땀 흘린 선배들, 베트남의 자유 수호를 위해 목숨을 걸고 전쟁에 참여하였던 선배들, 그런 선배들이 해외에서 피땀을 흘려 마련한 고귀한 자금들이 산업 현장의 동맥이 되어 한국 경제의 심장이 뛸 수 있도록 한 푼도 허투루 쓰이지 않도록 두 눈 부릅뜨고 아끼고 또 아끼고 하여 경제의 원동력이 될 수 있도록 한 산업의 역군들이 우리의 선배들이다.

대한민국의 태극마크를 달고 국민을 대표하는 대표 선수로서 정정당당한 스포츠 정신을 바탕으로 국위를 선양해 온 스포츠 선수들, 국민이 생업에 안심하고 전념할 수 있도록 적의 침략으로부터 국민의 재산과 생명을 보호하는 국군 장병, 국민이 일상생활에서 안심하고 생활할 수 있도록 치안의 책임을 맡은 경찰, 국민의 안전을 책임지고 24시간 수고하시는 119대원들, 남들이 잠든 이른 새벽에서부터 늦은 밤까지 국민의 이동을 책임지고 있는 대중

교통 관계자나 철도, 항공 운항관계자, 산업 현장에서 땀 흘리는 산업의 역군들, 국민의 먹거리를 책임지고 있는 농부 여러분, 국내외의 바다에서 신선한 해산물을 공급하고 있는 어부 여러분, 우리가 정말로 고마움을 표현하고 진정으로 감사를 해야 하는 사람들이 너무나 많다.

이렇게 많은 고마운 분 중에서도 하나밖에 없는 소중한 생명을 희생하였다면 당연히 그 고마움에 감사해야 하지 않을까? 그리고 누군가 소중한 생명을 희생하였다면 무엇을 위하여 그 생명을 희생하였는지를 따져봐야 하지 않겠는가? 그런데 우리가 잊고 소홀히 하는 것이 국가를 지키기 위해 그 소중한 목숨을 바친 수많은 국가 유공자에 예우가 너무나 소홀하다는 것이다. 국가 공휴일로 지정하여 국가를 위해 소중한 목숨을 바친 이들의 넋을 기리는 날인 현충일도 있다. 하지만 현충일에 충혼탑이나 현충원을 방문하여 국가 유공자에 대한 예우를 표시해 본 사람이 얼마나 될까? 현충일이면 충혼탑을 방문하여 헌화하거나 묵념하면서 감사의 마음을 갖는 것이 당연하고 그 유가족분들에게도 예우하는 것이 마땅한 도리이다. 하지만 우리를 희생한 그 소중한 생명에 대하여 우리는 고마움을 모른다. 어쩌다 현충원을 방문하면 어린아이들을 데리고 와서 잔디 위에서 놀고 있거나 소풍을 오는 장소로 착각하는 사람들까지 있다. 우리가 무엇을 고마워해야 하는지부터 제대로 배워야 할 것이다.

2002년 6월 29일 제2연평해전으로 결혼 6개월 만에 남편 한상국 중사를 잃고 '이러면 누가 나라를 위해 목숨을 바치겠느냐!'라며 김한나 씨는 미국으로 이민을 떠났다. 미국 매사추세츠 우스터의 6.25 기념탑을 방문한 김한나 씨는 미국인들이 연평해전 전사자 추모 벽돌까지 전시한 것을 보고 감명 받았다. 그래서 우리도 미국처럼 제복 입은 사람들을 존중하는 나라로 만들고 싶다며 한국으로 다시 돌아오게 되었다. 한국으로 돌아온 김한나 씨는 서해

교전의 명칭을 연평해전으로 바꾸고, 전사자를 순직에서 전사로 예우하는 특별법을 제정하는 데 기여하였다.

우리가 추모하고 감사해야 할 대상이 정치적으로 이용되어서는 안 된다. 사고로 많은 사람이 한꺼번에 목숨을 잃었다는 이유로 추모하여야 하는 것이 아니라 그 소중한 목숨을 무엇을 위하여 잃게 되었느냐를 먼저 말해야 하는 것이다. 어린 나이에 여행을 가는 도중에 불의의 사고로 목숨을 잃었다는 사실은 안타깝고 슬픈 일임에는 분명하다. 하지만 그런 이유만으로 대통령이 사과하고 광화문 광장에 그렇게 오랫동안 추모 공간을 마련하는 것은 옳지 않다고 생각한다. 일부의 국민 중에는 노란 리본을 만들어 유명을 달리한 학생들을 위로하였다. 어떤 국회의원은 행사 때마다 가슴에 노란 리본을 달고 다녔다. 세월호의 희생자들을 추모하고 그 가족들을 위로해서는 안 된다는 말이 아니라, 형평의 원칙에 맞게 운영이 되어야 한다는 것이다. 사건의 진상을 밝히겠다면 진상위원회 구성과 인양 비용 그리고 전시 비용까지 막대한 국고를 사용하였으나 그 진실은 무엇인가?

그렇다면, 노란 리본을 만들어 달고 다니는 사람들은 국가를 지키기 위해 목숨을 바친 국가 유공자에 대하여 추모하거나 그들의 눈물 나는 사연을 들어 본 적은 있는가? 세월호 사건을 그렇게 오랫동안 추모하는 것은 어린 나이에 꽃다운 인생을 피어보지 못한 많은 생명을 한꺼번에 사고로 잃었기 때문이라고 한다. 그런데 학생 신분으로 전쟁에 참여한 학도병들은 겨우 14~17세의 나이였다고 한다. 나이가 어려 학도의용대라는 이름으로 참전하였던 어린 학생들이 2천여 명 이상 전사하였다. 이렇게 어린 학생인 학도병이나 학도의용대를 추모하고 고마워한 적은 있는가?

학도병은 6.25 전쟁 기간에 발생한 어쩔 수 없는 상황이며, 세월호는 평화의 시기에 사고로 바다에서 많은 어린 학생들이 사망한 사고이기 때문이라고 말할 수도 있다. 그러면 1974년 2월 22일 발생한 충무항 앞바다에서 발생한 해군 예인함 YTL30 침몰사고는 알고 있나? 이 사고로 해군 신병 159기 및 해경 11기 훈련병 중 159명의 훈련병이 사망하였다. 이렇게 사망한 꽃다운 젊은이들이 채 피어보지도 못하고 나라를 지키다가 때로는 나라를 지키기 위한 훈련을 하다가 그 고귀하고 소중한 생명을 국가를 위해 바치고 있다. 이런 이들에 대해 추모하고 고마워해 본 적은 있는가? 물론, 어린 나이에 많은 학생들이 어른들의 잘못으로 인하여 한꺼번에 많은 인원이 사망하는 사고는 안타깝다. 또 이루 말할 수 없는 사연들과 가족들의 가슴에는 피멍이 드는 아픔을 준 것은 분명하다. 하지만 그런 죽음에도 추모와 예우를 하여야 하지만, 국가를 위해 목숨을 바친 현충원에 계시는 분들에게 먼저 추모와 예우를 하는 것이 올바른 순서가 아니겠는가? 그뿐만 아니라 이역만리 공산주의의 침략으로부터 자유를 지키기 위해 이름도 모르는 나라인 대한민국의 산과 강 그리고 들에서 전투를 벌인 분들이 있다. 그분들 중에는 고귀한 생명을 잃고 실종되거나, 부상한 분들 그리고 운이 좋게도 다친 곳이 없이 무사히 고국으로 돌아갈 수 있었던 유엔의 참전 용사들과 그 가족들에게도 고마움 마음을 가지고 추모하고 감사해야 하는 것이 옳지 않은가!

저 멀리 남아프리카 케이프타운을 방문하였다가 한국동란 참전 기념탑을 보고 그동안 몰랐던 머나먼 남아프리카에서도 참전하였다는 사실을 알고 놀라움과 숙연함에 고개를 숙인 경험이 있다.

진정으로 우리가 새겨야 할 것은 우리가 받은 은혜에 대해서 그 고마움을 되새기고 감사할 줄 알아야 한다는 것이다.

알리다

"

언론은 사실을 올바르게 전달하고 사려가 깊은 정보기능,
바람직한 토론문화를 조성해야 한다.

"

언론 윤리 헌장에 의하면 "언론은 시민을 위해 존재하며, 시민의 알 권리를 충족하고 민주주의 가치를 실현하고 권력을 감시하고 비판해 사회 정의를 실현하고 민주주의를 발전시키는 데 이바지한다."는 내용이 있다. 즉 언론은 국민에게 바른 사실을 알려 권력을 감시하여 민주주의를 발전시키는 데 기여하는 것이 중요한 역할이라고 할 것이다. 그런데 여러분은 언론이 그런 역할을 제대로 하고 있다고 생각하는가? 오히려 정치권력에 편승하여 편 가르기 하듯 전달의 기능보다 사실을 확대 가공하여 국민에게 편향적인 생각을 하도록 일방적인 주장을 반복하고, 민주주의 발전에 기여보다는 퇴보시키도록 하는 것이 아닌가 우려스럽다.

그런 사실 중의 하나가 기사 제목에도 호기심과 관심을 끌기 위해 평서문이 아닌 의문문의 형태로 제목의 말미에 '충격', '진상은?', '아연실색', '결말은?' 등의 낚시성의 언어[29]들을 사용하고 있다. 이런 제목들은 사실을 그대로 알리기보다는 제목에서 독자들이 선입관을 가지게 된다. 이렇게 선입관을 갖도록 비틀린 제목을 이용하여 지지하는 정파에 유리한 방향으로 기사를 작성하는 일들이 허다하게 벌어지고 있다. 올바른 국민이라면 이런 언론의 잘못된 관행을 반드시 고쳐야 한다고 생각할 것이다.

---

29 인터넷상에서 속임수를 일컫는 은어.

잘못된 언론의 보도를 보는 국민들은 그대로 사실로 믿고 편향적인 생각과 잘못된 행동을 함으로써 공동선에 미치는 사회적인 영향과 손실은 엄청나다고 할 것이다. 최근 세계적으로 가짜 뉴스가 큰 사회적 문제로 대두되고 있다. 디지털 기술의 발전은 사진이나 동영상조차도 사실감 있게 만들어 일반인들이 사실과 구분하기 힘들 정도의 가짜 자료들이 만들어지고 있다. 그래서 더욱 언론의 올바른 기능이 중요해지고 있다. 물론 언론조차도 사실 여부를 판단하기 힘든 일도 있다. 보도되기 전에는 보도의 내용으로서 적정한지 여부와 호기심을 자극하는 언어로 관심을 끌려는 그런 제목과 내용은 자제하여야 할 것이다. 보도되고 난 뒤에라도 내용에 잘못이 있었거나 적절하지 못한 내용이 있었다면, 이에 대한 추가적인 취재를 하여 국민에게 정확한 사실을 알려야 한다. 그렇게 하여 국민이 올바른 생각을 하도록 하는 것이 민주주의 발전에 기여하는 길이다.

그동안 우리에게는 수입 쇠고기, 4대강, 사드 이슈, 핵 오염수 등 수많은 사회적 이슈들이 제기되어 왔다. 그때마다 그럴싸한 주장을 하는 사람들이 나와서 언론을 통해서 그들의 주장을 국민에게 알리는 역할을 언론이 해 왔다. 그런데 그렇게 주장하였던 내용이 사실이 아닌 것으로 밝혀졌다면 언론은 그렇게 주장한 사람들을 다시 찾아 왜 사실이 아닌 주장으로 사회적 혼란과 막대한 사회적 비용을 치르게 하였는지에 관한 내용을 다시 취재하여야 한다. 그런 주장을 한 사람들에게 제대로 된 사과를 받아서 국민에게 알리는 역할을 해야만 사회 정의를 실현하고 민주주의를 발전시키는 데 기여하는 것이 아닌가?

대통령 후보였던 유력 정치인이 기자들의 질문에 묵묵부답으로 대응하는 모습에도 어느 기자도 이의를 달거나 이에 대해 비평하는 기자가 없다. 이런 모습을 보면 언론이 국민에 대한 알 권리를 충실히 수행하고 있다고 말할 수 있겠는가? 그 정치인은 분명히 국민이 주인이라고 말하고 있고, 주인인 국민을 대신해서 언론의 기자들이 국민의 알 권리를 수행하고 있다. 묵묵부답이라면 분명히 추가적인 질문을 하던지 따져야 하는 것이 기자의 본분을 제대로 수행하는 것이 아닌가? 국민이 주인이라고 주장하면서 주인의 말에 대해 대꾸도 안 하는 경우를 용납할 수 있는가? 그런 정치인에게 국민을 업신여기는 행태라며 따끔하게 따져야 할 것이 아닌가?

아무리 국민의 알 권리를 대신하여 묻는다고 하더라도 대통령에게 질문하면서 주머니에 손 넣고 슬리퍼 신고 엘리베이터까지 쫓아가 고함지르는 그런 품위 없고 못된 짓을 해서는 안 된다. 기자에게 국민이 그런 권리를 준 것이 아니다. 그래서 오히려 국민을 모독하는 행위이기 때문에 당장에 당연히 파면하여야 한다. 한때는 "선출직 공무원에게 감히"라는 말이 유행했다. 그런데 국민이 선출한 최고의 직위를 가진 대통령에게 동네의 조폭도 아니고 슬리퍼 신고 주머니 손 넣고 고함치듯 질문할 권리를 국민이 준 사실은 절대로 없다. 그렇기에 그런 모습의 기자라면 국민의 수준 자체를 떨어뜨리는 자로 주인을 욕되게 한 자이므로 당연히 국민의 눈앞에서 사라지는 것이 옳다고 할 것이다.

언론의 또 다른 중요한 역할은 국민의 지식수준을 향상하는 데 기여하는 것이다. 국민의 지식수준을 향상하기 위해서는 자극적이거나 흥미 위주의 프로그램이 아니라, 사물의 원리에 대한 이해와 논리적 사고를 갖도록 기여해야 한다. 언론은 국민이 사려 깊은 생각으로 감성이나 감정에 흔들리지 않고, 빙산의 일각이 아닌 빙산의 잠겨 있는 아랫부분을 헤아릴 수 있는 안목을 갖도록 이끌어야 한다. 그런데 그저 먹고 즐기고 마시고 유흥과 흥미 위주의 언론 프로그램은 감정적이고 쉽게 흥분하게 하여 선동이 잘되도록 하는 경향이 있다. 이런 언론의 프로그램들은 정치인들이 좋아할 것이다. 최근의 언론 프로그램들을 보면 국가 전체의 이익이나 미래를 위한 준비 등에는 아랑곳하지 않는 것 같다. 단지 흥미 위주의 단편적인 먹방, 여행, 노래와 자극적이고 퇴폐적인 드라마 등을 반복적으로 보여 주므로 개인적인 욕구에만 관심을 갖게 한다. 이런 언론의 프로그램은 국민을 남들과 비교하고, 그런 경험을 할 수 없는 사람들에게는 가진 자에게 대한 불만과 비판을 하도록 한다. 이러한 잘못된 언론의 기능으로 국민의 생각이 단순화되고 쉽게 선동되는 것 같다.

토론 프로그램의 경우에도 논리적인 대결보다는 말장난에 가까운 억지 주장을 반복하는 패널들을 반복적으로 등장시킨다. 결국 국민의 수준이 그런 패널들의 형태를 흉내 내도록 한다. 올바르고 바람직한 토론 문화가 아니라 억지 주장, 말꼬리 잡기, 말싸움에서 이기기 위해 수단 방법을 가리지 않는 잘못된 토론문화만 전파하는 역할을 한다. 이런 잘못된 토론 프로그램은 국민이 정치에 관심보다는 정치 자체를 싫어하게 한다. 그래서 정치인들을 제대로 평가하고 올바른 정책이 입법되도록 하는 역할보다는 자극적이고 선동적인 극단적 표현으로 편향적인 생각을 하도록 여론을 조성하는 경우가 더 많다.

결국 언론은 어느 쪽으로도 치우치지 않고 단순히 사실을 올바르게 전달하는 전달자의 역할과 함께 국민이 사려 깊은 생각을 할 수 있도록 다양한 사고가 가능하도록 정보 제공 기능과 토론 등의 소통 방법에 관한 모범적인 사례를 제공하여 사회적 갈등 해소에 도움이 되는 기능을 하여야 할 것이다. 그래서 지금이라도 언론이 제대로 바뀌어 국민에게 자유 민주사회의 시민이 되는데 필요한 기본적 소양과 지식 그리고 안목을 가리키면서 국민이 바른길을 갈 수 있도록 편향적인 정보가 아니라 균형 잡히고 공정한 사실을 그대로 알리는 역할을 해야만 할 것이다.

꾸짖다

잘못에 대해 꾸짖음이 없다면 그 잘못은 반복되고 잘못을 저지른 사람도 자신이 잘못하고 있다고 느끼지 못할 경우도 있다. 정치인들에 대한 국민의 꾸짖음을 표현할 방법이 당연히 많아야 할 것이다. 하지만 현실적으로는 투표를 통해서 표현하는 방법밖에 없다. 그러한 투표에서마저도 올바른 권리를 행사하여 정치인을 제대로 꾸짖고 있는지는 생각해 보아야 한다.

언제부터인가 꾸짖는 어른들이 점점 줄어들고 있다는 것이 우리 사회의 문제 중의 하나이다. 왜 이런 현상이 벌어지는 것인가? 결국, 우리 사회 구성원들의 생각이 잘못되었거나 제도가 잘못되었기 때문에 그런 것이 아닐까? 꾸짖음을 자신이 돌아볼 수 있는 성찰의 기회로 보는 것이 아니라 본인을 비하하거나 명예를 훼손한다고 생각한다. 그러기에 감정적인 대응을 하거나 자식을 가진 부모로서 자신의 가르침이 부족하지는 않았는지 돌아보지 않는다. 그러니 학교 선생님의 꾸짖음마저도 감정적인 대응으로 고소 고발하거나 법적인 소송을 한다. 그뿐만 아니라, 때에 따라서는 선생님에게 물리적인 행패까지 하는 부모들이 늘어나고 있다. 이런 뉴스를 접하는 것은 점점 꾸짖는 어른은 사라지고 그 대신에 망나니 같은 행동을 하는 몰지각한 사람들이 늘어만 가고 있다는 것이다. 이 또한 우려할 사회적 문제가 아닌가?

최근 우리 사회에서 정치인들의 막말과 욕설이나 근거 없는 주장을 어렵지 않게 볼 수 있다. 이런 행패들을 보면서 나서서 주의시키거나 그들의 잘못은 선거 때 그 대가를 톡톡히 치르도록 해야 할 것이다. 그런데 오히려 돌출 발언으로 인기 영합하려는 정치인들이 득세하고 팬덤을 형성하는 지지자들이 따르고 있다. 이 또한 이른 시일 내 제자리로 돌아올 수 있도록 우리의 사회 구성원들이 제정신을 차려야 할 때이다. 또 한편으로 우려되는 것이 정치인들의 잘못을 꾸짖는 사람이 없어진다면 도대체 이 사회가 바르게 돌아갈 수 있을까 하는 걱정이다.

여러분은 홍콩의 시위를 기억하고 있는지는 모르겠다. 2019년 도주범 죄인 및 형사법 관련 법률 지원 개정 법안이 도입되었다. 이 법안은 중국 공산당의 강압적인 통제 정책의 하나로 시민들의 자유를 무시하고 사생활과 언론의 자유를 침해한다. 이 법안 도입을 반대하는 홍콩의 일반 시민들뿐만 아니라 어린 학생들까지도 시위에 참여하여 정치의 잘못을 꾸짖고자 하였던 사건이다. 우리도 부정선거를 규탄하여 시민들과 학생들이 잘못된 정치를 꾸짖는 항거가 4·19 의거가 있었고, 직선제로 대통령 선출을 위한 6월 항쟁에서도 학생들의 꾸짖음에 시민들의 참여가 동반되어 결국은 그 뜻을 관철하기에 이르렀다.

그렇게 정치인들의 잘못에 대해 꾸짖음에 앞장섰던 학생들이었지만, 어느 순간부터 본인들의 꾸짖음에 반항하듯 청춘의 넘쳐나는 힘을 사회의 정의를 위해 사용하는 것이 아니다. 오히려 성찰의 기회를 주는 분들에게 향하는 분노를 표출하는 데 사용한다. 그에 동조하듯 자식의 잘못을 매로 가르쳐야 마땅할 부모들이 자식의 잘못은 눈감는다. 그러면서 그렇게 잘못된 교육을 해온 자신들의 잘못을 감추려는 듯 꾸짖음을 한 사람에게 화풀이하고 있다. 이러니 우리 사회의 갈 길이 멀고도 멀면서, 잘못된 교육이 우리 사회 전반의 시스템을 무너뜨리고 있다. 이런 잘못된 교육의 병폐로 정작 꾸짖음을 들어야 할 정치인들은 오히려 더 자극적이고 도를 넘어선 표현으로 자신을 드러내고 있다. 그런 정치인들을 꾸짖어 우리 사회에서 더 이상 설 자리가 없도록 해야 품위와 품격을 갖춘 사회적 문화를 조성해야 할 것이다. 그런데도 이에 편승하여 정치인들은 막말과 비난과 힐난만 가득한 사회 분위기를 조성하고 있으니, 정말로 미래세대에 대한 걱정과 우려가 앞선다.

그래도 아직은 좌절하고 포기를 해서는 안 된다. 이런 어려운 환경 중에서도 잘못에 대하여 분연히 항의하거나 떳떳하게 유명 정치인의 비리를 밝힐 수 있는 용기 있는 젊은이들이 있다는 것이다. 이런 점은 작지만, 희망이 남아 있다는 것이다. 최근 대통령 후보였던 정치인이 법인카드로 가족들의 식사뿐만 아니라 개인의 위생용품, 제사용품까지 사용했다. 이는 우리의 정치인들이 얼마나 타락했는지를 단면적으로 보여 주는 사례일 것이다. 그렇게 상식적으로도 허용할 수 없는 비도덕적인 일을 저지르고도 아무렇지도 않게 사과가 아니라 변명만 늘어놓는다는 사실도 충격이 아닐 수가 없다. 그런데 더욱 충격적인 것은 같은 세대의 젊은이가 대통령 후보까지 지낸 정치인을 상대로 온갖 위협을 무릅쓰고 당당하게 비리 사실을 밝혔음에도 불구하고 많은 또래의 젊은이들이 그 꾸짖음에 동참하지 않고 있다는 것이다.

결국, 많은 젊은이가 권력을 가진 자에게 감히 잘못을 꾸짖을 수 있는 당당함보다는, 개인 자신의 안위를 먼저 생각하는 비굴함을 가진 젊은이들이 더 많다는 사실이다. 젊음은 용기를 상징하는 것이고 그 용기는 불의에 맞서는 당당함을 가져야 하는 것이다. 그런 용기가 결국 자신들의 미래에 공정하고 공평한 기회가 제공되고, 부정과 비리로 인하여 누군가가 피해를 보는 그런 잘못을 바로 잡을 수 있다. 그래서 정정당당하고 공정한 경쟁을 통한 서로가 함께 발전을 도모할 수 있는 계기가 될 수 있다. 개인의 안위만을 생각하고 권력에 당당히 맞서 옳지 못한 일에는 꾸짖음으로 항의할 수 있는 용기를 갖지 못한다면, 이미 자유를 잃은 닭장 속 양계장 닭의 신세라는 사실을 분명히 알아야 할 것이다.

어린 시절 선생님의 매는 사랑의 매라는 표현으로 선생님의 가르침을 악의적이거나 나쁘게 보는 것이 아니라 옳지 못한 길을 가려는 제자를 바른길로 인도하는 가르침으로 누구나 인식했다. 그렇게 잘못에 대한 체벌을 당연한 것으로 받아들였던 시절이 있었다. 그런데 어느 순간부터 내 자식만 소중하고 금이야 옥이야 받들기만 하면 되는 것처럼 부모들의 잘못된 인식이 팽배하고 있다. 결국 학창 시절 꾸지람을 통해 바른길을 갈 수 있었던 기회를 잃게 되고 궁극적으로는 사회생활에서 더 큰 좌절을 겪으면서 결국 자신이 최고로만 알고 있었던 자만심은 오히려 더 큰 좌절을 가져온다. 실패의 순간, 자신에 대한 실망과 경험해 보지 않은 실패는 더 큰 좌절과 어려움으로 마음의 상처가 깊어진다. 자기 능력에 대한 회의감은 커지고 불안과 초조로 긴장하게 되면서 극복할 수 없는 좌절로 극단적인 선택까지도 생각하고 이를 실행하는 젊은이들이 늘어나게 되는 것이다.

젊은이들이여! 경험자의 꾸지람은 정원의 나무가 더 아름답게 성장할 수 있도록 하는 가지치기와 같은 것, 꾸지람에 반발할 것이 아니라 나에게 꾸지람해 줄 수 있은 애정을 가진 사람에게 당연히 감사해야 하지 않을까?

"진정한 어른은 연장자가 아니라, 잘못에 대하여 꾸짖고 사회 구성원들이 바르게 나아가도록 이끌어 주시는 분이라는 것을 명심해야 한다."

갇히다

정치인은 사려 깊고 신중하며 사고가 깊은
지식인이 늘어나는 것을 두려워한다.

닭장에 갇힌 닭들은 자유로운 세상이 어떤 것인지 알지 못하는 것처럼 생각에 갇힌 사람들은 그 생각 바깥의 사람들을 이해하려고도 알려고도 하지 않는다는 것이 문제이다.

물리적으로 갇힌 환경에서 생활하는 것도 문제이겠지만 정신적으로 갇힌 생각을 하는 편향적 사고가 더 큰 문제를 유발하는 것이 최근의 사회적 문제이다. 정치인들은 사려 깊고 신중하며 사고가 깊은 지식인들이 늘어나는 것을 두려워한다. 왜냐하면 자신들이 원하는 주장을 그대로 믿고 따라주는 시민들이 더 많은 것이 자신들의 정치활동에 더욱 유리한 것이니까? 이러한 편향적인 사고에 갇힌 사례들을 우리는 수없이 보아 왔고 또 수많은 사례들을 직접 겪어왔을 것이다. 결국, 사려 깊은 생각으로 정치인들의 과장이나 거짓 주장이 한낱 선동에 불과하다는 사실을 인지한다면 겪지 않아도 될 일이다. 하지만 그러한 주장을 사실로 믿고 어린아이까지 데리고 동조하는 시위에 참여하였던 우리 자신을 돌아보고 부끄러워하는 것이 당연하다.

말도 안 되는 선동적인 주장을 하는 정치인, 그리고 거기에 동조하여 터무니없는 지식으로 그런 주장이 마치 사실인 것처럼 떠들어대던 대학교수와 언론인을 비롯한 지식인들에 대하여 우리는 왜 아무도 이의를 제기하거나 그들의 사과를 요구하지 않는 것일까? 이에 따라 막대한 사회적 비용을 낭비하면서 그런 일은 또다시 반복되고 또 그런 일에 동조하는 사람들이 생긴다는 사실은 얼마나 우리 사회의 구성원들이 성숙하지 못하다는 것을 단적으로 잘 나타내면서 또 단편적인 생각에 갇혀 있는 것인지를 잘 보여 준다.

이제 디지털 시대를 거쳐 AI 시대[30]가 열리면서, 사실이 아닌 것을 너무나 감쪽같이 사실처럼 위장하게 되니 허황한 사실을 진실로 믿는 사람들이 점점 늘어날 가능성이 있다. 우리는 이 시점에 이러한 잘못된 일이 반복되지 않기 위해서 반드시 해야 할 일이 있다. '좌와 우'라는 이념이나 자기가 동조하는 정파에 매몰되거나 갇힐 것이 아니다. 옳고 그름이 판단의 기준이 되어야 한다는 것이다. 스포츠 경기의 심판은 누구에게 편중되는 것이 아니라 경기의 규칙에 따라서 판단한다. 아무리 가짜가 판을 치는 세상이더라도 스포츠 경기의 심판이 판단 능력을 향상하기 위한 노력을 하는 것처럼, 특정 정파나 자신이 선호하는 정치인이나 이념에 휩쓸릴 것이 아니라 오직 옳고 그름, 거짓이 없는지를 판단해야 한다. 더불어 품위와 품격을 갖추고 있느냐, 경기의 규칙을 제대로 지키고 있는지를 판단할 수 있는 능력이나 깊이 있는 사고의 수준을 높여야 한다. 행여나 반칙으로 심판을 속이려 하는 정치인이 있다면 일벌백계로 다스려야 한다. 이런 정치인들은 다시는 정치의 경기장에 설 수 없는 그런 무거운 벌칙을 당연히 주어야 할 것이다. 그러기 위해서는 우리 국민도 배우려는 의지를 갖추고 쉬지 않고 계속 배워야 할 것이다.

양계장에 갇힌 닭들은 어떤 생각을 할까? 제때 먹을 것만 주고 적정온도만 맞추어 주면 다른 생각을 안 한다는 것이다. 밤낮을 구분 못하는 불빛 아래서 열심히 계란을 낳으면서 그래도 만족할지도 모른다. 사려 깊은 생각을 하는 닭이라면 닭장 속의 삶을 만족할까? 닭장 속에 갇힌 닭으로 남아서 주는 모

30   인간의 지능을 모방한 기능을 갖춘 컴퓨터 시스템 시대

이에 만족하기보다는 스스로 힘들여 찾는 모이와 자유로운 선택을 할 수 있는 권리를 좋아하고 만족할 것이다. 반면 생각 없는 양계장 닭은 편안한 것이 좋다며, 닭장 문을 열고 자유를 찾아가라고 해도 그럴 의지조차 없을 것이다. 정치인 중에는 진정으로 닭의 미래를 생각하여 닭들에게 자유의 세계는 어떤 모습이라는 것을 가르치는 지도자형이 있는 반면에 닭들에게 편안하게 공짜로 모이를 받아먹는 데 익숙하게 하는 포퓰리즘의 양계장 주인형이 있다.

양계장 닭장 속에 갇힌 닭 중에서 생각 없는 닭들은 양계장 주인형의 정치인이 더 좋고 반가울 수도 있다. 그러나 그들이 그렇게 주는 모이는 결국 내가 밤낮을 구분 못하고 피땀 흘려 낳은 나의 소중한 알인 세금으로 운영이 된다는 사실을 갇힌 닭들은 깨닫지 못한다는 것이 가장 큰 문제이다. 그런 갇힌 닭들에게는 공짜로 모이를 주고 닭장에서 재워 준다는데 이 얼마나 고마운 일인가 하지만 그런 정치인의 목표는 닭들을 닭장 속에 가두어, 자신은 양계장 주인이 되어서 자신과 자기 가족 그리고 추종자들만이 잘사는 세상을 꿈꾸고 있다는 사실을 모른다는 것이다. 그래서 정치가 중요하다. 우리가 공부하고 알아야 하는 것이 어떤 정치인이 지도자형인지 양계장 주인형인지 분명히 알아야 하는 것이다. 그런데 우리가 가장 쉽게 소통할 수 있는 카톡방마다 '정치 얘기하지 마라!'는 섬뜩한 얘기들이 있었다. 이 얼마나 어리석고 무서운 이야기인가? 어느 정치인이 지도자형이고 어느 정치인이 양계장 주인형인지 분명히 구분하여 바르게 투표권을 행사하여 절대로 닭장에 갇히는 일이 없도록 해야 하는데, 그런 구분 자체를 하지 말고 그저 알아서 투표해 과연 어떤 정치인에게 당신의 미래를 맡길지 모르고 선거를 하라는 말이랑 뭐가 다른가?

정치가 아니라 당신이 필요한 어떤 물품을 구매한다면, 당신의 소중한 돈으로 직접 지불하는 것이기에 아무리 적은 금액이라 할지라도 여기저기 가격도 알아보고 사용해 본 사람의 평도 들어보고 이것저것 비교도 해 보고 살 것이 분명하다. 당신이 낸 세금으로 월급을 주면서 당신의 미래를 결정지을 정치인을 선거로 뽑는데, 정치인에 대한 평을 하지 말고 옳고 그름도 따지지 말고 그저 알아서 선거하라고 하면, 이런 주장을 하는 사람을 무식한 바보라고 해야 하지 않을까? 이렇게 무식하고 바보 같은 짓을 하는 사람이 바로 대한민국 국민이다.

여러분 중에 양계장 닭장 속 닭이 되어 화려한 불빛 아래서 밤낮 구분을 못하면서 자지 않으면서 열심히 세금으로 알을 낳아주고 그 세금으로 누군가는 자신과 자신들의 동업자 배만 채우려고 시도한다는 사실을 안다면 그래도 닭장 속에 갇히겠다고 스스로 동의하겠는지 진정으로 묻고 싶다.

가두다

"

글로벌 시대의 승자가 되기 위해서는 틀을 깨는 새로운 방식을
경쟁적으로 도입하여 도전하는 문화와 환경을 조성해야 한다.

"

우리는 닭장에 갇힌 양계장의 닭이 아니지만 정치인 또는 행정을 하는 공무원들은 자신이 원하는 대로 시민들을 가두고 싶어 한다. 이러한 일들이 규제이다. 세상은 급격하게 변화하지만, 법은 언제나 그런 변화하는 상황을 생각해서 선행하여 바뀌는 것이 아니다. 상황이 바뀌고도 법이 바뀌지 않아 사람들이 법이나 규제를 따르기 힘든 수준에 이른다. 그때야 뒷북치듯이 법이나 규제가 바뀌는 경우가 대부분이다. 특히 우리나라는 그런 규제가 너무 많아서 어린아이들을 가두어 놓고 규칙을 지키라고 강요하는 분위기이다.

글로벌 시대의 선도적인 역할을 하려면, 법이나 규제로 국민의 생각과 행동을 가두어서는 안 된다. 자신들이 편하고 쉽게 다루겠다는 시도를 선호해서도 안 된다. 자유롭고 새로우며 창의적인 생각을 마음껏 하며 새로운 도전을 할 수 있는 문화와 환경을 조성해야 한다. 지금은 과거에 얽매이고 기존의 방식에 집착해서는 경쟁에서 우위에 설 수가 없다. 미래에 우리 사회와 국가에 도움이 되는 새로운 방식을 경쟁적으로 도입해야 한다. 그런 창의적인 생각을 자유롭게 할 수 있는 국민을 양성하는 분위기와 환경을 만들어 가야 한다. 글로벌 경쟁에서 승자의 자리를 차지하기 위해서는 그런 환경이 필요하다. 틀을 과감히 깨고 다른 사람들이 생각하지 못한 새로운 것을 볼 줄 아는 안목을 가진 사람들이 필요한 것이다.

규제라고 하면 대표적으로 떠오르는 규제가 무엇인지, 이런 규제도 있다는 사실을 아는가? 개인적으로는 참으로 황당한 규제라고 생각한다. 많은 사람이 이용하는 엘리베이터에 기대면 위험하다는 사실을 누구나 알고 있고 또 함부로 기대는 사람은 없을 것이다. 그런데 모든 엘리베이터에는 "손대지 마세요.", "기대면 추락 위험"이라는 스티커를 붙여야 한다. 만약 붙이지 않으면 벌금이 부과된다. 결국 고급 호텔이든 백화점의 엘리베이터든 이러한 보기 싫은 어린 애들을 위한 스티커를 붙이지 않는다면 벌과금의 대상이 된다. 그래서 어쩔 수 없이 보기 싫은 스티커를 붙여야 한다는 현실이 우습기만 하다. 과연 필요한 규제라고 동의하겠는가? 왜 이런 규제를 고집하는지 현실이 우스꽝스럽다.

또 다른 규제로 금연 구역에서는 당연한 사실로 알고 대부분 흡연하는 사람이 없을 것이다. 차라리 흡연해도 좋다는 장소만을 공지하는 것이 더 효율적일 수 있다. 그런데 카페나 대중음식점 그리고 공중화장실에 금연 표시하지 않으면 과태료를 부과한다는 사실을 알고 있는가? 이 얼마나 편협된 생각에 시민들을 자신들의 울타리에 가두려는 정치인이나 행정당국의 행태인지 모르겠다. 결국 자신의 틀에 가두어 스스로 자유로운 생각을 할 수 없는 닭장 속의 양계장 닭처럼 만들어 고분고분 말을 잘 듣는 그런 시민으로 만들고 싶은 것이리라. 하지만 글로벌 경쟁에서 이기기 위해 틀에 갇힌 생각보다는 자유로운 생각과 스스로 질서와 예의를 지키는 시민들이 더 중요한 것이다.

사람들의 생각은 반복적으로 주입하다 보면 그것이 당연하다고 믿게 된다. 그런 좋은 사례 중의 하나가 바로 광고이다. 왜 광고를 반복해서 보여 줄까? 결국 사람의 생각을 반복적인 주입을 통하여 각인시키는 작업이다. 그렇게 각인된 광고의 브랜드는 우리가 알게 모르게 기억하고 내가 돈을 지불하고 어떤 물건을 사고자 할 때 나도 모르게 떠오른다는 것이다. 광고는 결국 기업에서 자기 비용을 들여서 자신의 상품을 조금이라도 더 많이 알려 더 많은 상품을 판매하고자 하는 것이기에 우리들이 관여할 문제는 아니다.

그런데 우리가 내는 세금으로 운영하는 지방자치단체의 행정관청이 하는 행태에 대해서는 분명히 우리가 이의를 제기하고 말해야 하는 부분이다. 지방자치단체에서 엄청나게 큰 건물들을 지어서 보라는 듯이 자랑하는 그런 지방자치단체장은 사실은 선거에서 선출해서는 안 된다. 왜냐하면 바로 양계장 주인형이기 때문이다. 지도자형이라면 우리가 제공하는 소중한 계란으로 우리가 사는 곳보다 더 크고 으리으리한 모습의 건물에서 일하려 하지 않을 것이다. 결국 자신의 재임 동안 치적으로 자랑스럽게 내세우기를 바라는 정치인은 양계장 주인형일 뿐이다. 양계장 닭들의 미래를 생각해서 그런 것이 아니기 때문이다.

우리보다도 잘 산다는 독일의 관청들만 보더라도 고풍스러운 옛날 건물에 자리 잡는 경우가 많다. 그런 이유 중의 하나는 규모나 크기를 키워 일하려는 것이 아니라 효율적으로 운영하려는 의지를 보이는 것이다. 오히려 시민들이 쉽게 다가가고 자유롭게 소통하기 위해서라면 언제나 변함없는 모습으로 쉽게 찾을 수 있는 곳이 되어야 한다. 그러기 위해서는 익숙한 모습의 건물이라면 시민들이 더 쉽게 다가갈 수 있을 것이다. 많은 정치인은 위압적으로 큰 건물로 규모나 덩치를 늘려서 결국은 시민들을 제도 속에 가두려 하는 것이다. 그 위에서 권위적인 태도로 군림하겠다는 의도가 더 크기 때문에 빚을 내어서라도 어마어마한 건물부터 지어 위엄을 갖추려는 것이 아닌가?

기업에서는 현장경영을 중요시한다. 그래서 경영자들이 수시로 공장 방문 또는 해외법인 방문한다. 그들은 현장의 담당자들을 만나 애로사항과 제안을 듣기도 한다. 그러나 우리의 정치인들은 선거철이 되면 열심히 고개 숙이고 악수한다. 그 이후로는 현장이라고 말할 수 있는 지역 선거구의 삶의 현장에서는 볼 수가 없는 것이 현실이다. 이런 현실 속에서 어떻게 서민들의 목소리가 입법에 반영이 될 수 있을까? 결국은 자신들의 권한을 늘리고 더 많은 세비를 받는 것에만 몰두한다. 그러면서 국민의 삶과 관계없이 자신들이 원하는 틀에 국민을 가두어 자신들이 원하는 대로 이끌고 가고 싶은 마음만 가득한 것이다.

국민들은 분명히 깨우칠 필요가 있는 것은 어떤 정치인들이 우리를 닭장 속에 가두려는 양계장 주인형의 정치인인지 분명히 알아야 할 것이다. 지도자형 정치인이라 할지라도 우리가 처한 현실과 지도자의 생각 속에 있는 현실은 분명히 다를 수 있기 때문에 우리의 의견을 격의 없이 마음껏 제시할 수 있고 닭장의 틀과 같은 규제를 과감히 없앨 수 있는 그런 정치인에게 우리의 미래를 맡겨야 할 것이다.

믿는다

"

무엇이 진실이고 사실인지를 확인하려는 노력보다는
자신의 믿음을 지키려는 의지가 너무 강하다.

"

세상의 모든 사람은 때로는 자기 경험에 의해서, 때로는 생활해 왔던 삶의 방식이나 환경에 의해서, 때로는 받았던 교육으로, 때로는 종교, 정치, 사회적 관심에 따라서 어떤 사실에 대하여 자신 나름의 판단 기준을 가지고 있다.

그러한 믿음에 대하여 자기 생각이 옳다고 믿는 사람들이 다수를 차지하고 있다. 또 많은 사람이 자신의 그러한 믿음과 다른 주장을 하는 사람들을 만나기를 꺼린다. 그리고 그런 이야기 자체를 듣지 않으려는 경향이 강한 것이 사실이다. 하지만 이러한 자신의 믿음으로 인하여 잘못된 생각을 할 수도 있다는 사실을 인정하려 하지 않는다. 자신이 잘못 생각할 수 있다는 사실을 인정하기 보다는 이러한 자신의 주장과 반대되는 의견이나 생각을 전달하려는 사람들의 이야기를 듣기 싫어하고 대화의 기회마저 피하려고 한다. 우리는 함께 살고 있지만 서로 다른 믿음이나 생각을 하는 사람들과 갈등하기도 한다. 하지만 무엇이 진실이고 사실인지를 확인하려는 노력보다는 자신의 믿음에 관한 생각을 지키려는 의지가 너무나 강하다. 결국 이러한 틈새를 노리는 정치인은 허무맹랑하지만 그럴싸한 이야기를 퍼트리기도 한다. 그들이 사용하는 언어마저도 폭력적이거나 극단적인 표현으로 자신들에게 동조하는 사람들에게 자극적이고 분노를 조장하게 한다. 이런 방법으로 다른 생각의 여지나 다른 믿음을 가지지 못하도록 주기적이고 반복적으로 상대를 향한 비평과 비난을 쏟아내고 있다. 공격할 적당한 상대가 없을 때는 자신들에게 절대적인 믿음으로 추종하는 세력을 제외하고, 다수가 아닌 소수의 가진 자, 때로는 남과 여, 때로는 청년과 장년 그리고 비우호적인 세력을 골라서, 분노를 조성하여 편이 갈라지도록 하는 것이 일상화되고 있다.

신과 같은 완전한 존재가 아닌 인간은 미래에 대한 불안으로 언제나 누군가에 의지하여 그 불안함을 잠재우고 싶어 한다. 그런 믿음이 종교로 발전한 것이라 생각한다. 그런 인간의 불안한 심리를 이용하여 이른바 사이비 종교와 이단 등이 더욱 기승을 부린다. 이들은 지구의 종말이 다가왔다는 등의 허황한 주장으로 자신의 입지를 강화한다. 한번 그런 잘못된 믿음에 빠진 사람들은 정상적인 생각을 하는 사람들을 오히려 이상한 시각으로 바라보는 경향이 있다. 그렇게 잘못된 믿음에 빠진 사람들은 믿음을 전하려는 자신의 노력은 사람들에게 좋은 일을 한다는 선의의 마음을 갖기 때문에 당당하고 적극적일 수 있는 것이다. 우리는 지금까지 한 번도 경험하지 못했던 정치 이슈로 많은 시민이 자신의 믿음으로 정의를 위해서, 대한민국을 위해서라는 신념을 가지고 거리로 나서서 자신들의 주장을 목 놓아 외친다. 하지만 서로 믿음과 생각이 다른 사람들과 토론이나 대화의 장을 열어, 각자의 생각과 믿음에 대한 객관적이 자료나 논리적인 근거를 제시하면서, 왜 내가 이런 생각과 믿음을 가졌는지 나와 다른 생각과 믿음을 가진 사람들과 대화나 토론해 본 적은 있는가?

많은 사람의 주장 중에는 누가 말하더라는 식의 주장이 대부분이다. 지금 카톡방에 오르내리는 이야기들도 대부분 유튜브에서 누가 주장하더라 식으로 내용에 대한 검증이나 자기 생각이나 판단에 대한 기준은 없다. 그저 나의 믿음과 같으니까 그들의 주장이 맞다며 동조하면서 억지로라도 주변 사람들의 생각과 마음에 자신의 믿음을 주입하려고 노력하고 있다. 한 번쯤 우리의 행동에 대하여 반성하고 생각해 보아야 할 때이다. 최근 개인적으로 카톡을 주고받는 분으로부터 '우크라이나 대통령 젤렌스키가 부정 축재자이며 국외에 거주하면서 막대한 부를 축적하여 자기 가족들은 편안하게 생활하고 있다.'라는 말을 들었다. 어떻게 그런 사실이 아닌 얘기를 그렇게 단정해서 말할 수 있느냐고 답변했다가, 앞으로 카톡 대화를 끊겠다고 하는 분이 있었다. 잘못된 것을 잘못되었다고 말하는 것이 당연한데, 자신과 의견이 다르다고 대화마저도 단절하겠다고 한다. 그뿐만 아니라 자신이 신뢰하는 유튜버의 영상을 보라면서 여러 편의 영상을 보내왔다. 그러면서 젤렌스키가 부가티[31]를 타고 하수인에 불과하다고 주장하였다.

조금만 상식을 가진 사람이라면 과연 이런 일을 사실이라고 믿음을 가질 수 있을까? 라는 생각도 해 보았다. 아마도 지구 반대편에서 일어나고 있는 사실에 대해 그들의 상황이나 문화를 모른다면 당연히 그럴 수도 있겠다는 생각이 들 때도 있다. 그래서 우리와는 다른 문화나 직접 경험해 보지 않은 사실에 대해서 그럴싸하게 말하면 분명히 그렇게 믿는 사람이 있을 것이다. 예전에 서울조차 가 볼 기회가 없었던 시절에 '서울 가 본 사람과 안 가 본 사람이 싸우면 안 가 본 사람이 이긴다.'라는 속담이 있듯이 듣는 사람에게 어떻게 그럴듯하게 말하느냐에 따라 안 가 본 사람의 말을 믿는 사람이 분명히 있다는 것이다.

어쩌면 현대를 사는 우리는 외롭다는 것을 방증하는 것이다. 누구나 자신과 비슷한 생각이나 자신의 마음을 이해해 주는 사람을 만나면 왠지 반갑고 동조하고 기대고 싶은 것이 인지상정일 것이다. 하지만 자신만의 판단 기준을 가지지 않고 다른 사람의 이야기에 무조건 믿거나 자신만의 생각만이 옳

---

31   이탈리아 태생 프랑스에 에토레 부가티가 설립한 고급자동차 브랜드.

다고 믿는다면 얼마나 어처구니없고 어리석은 행동을 하게 되는지 직접 경험한 일을 말하고 싶다.

　세상에 태어나 처음으로 비행기를 타고 미국이라는 나라에 출장을 간다는 사실은 한편으로는 가슴 벅차는 기대감과 설렘도 있었다. 하지만 영어에 주눅이 들고 혼자서 뉴욕을 거쳐 뉴저지에 있는 합작사 본사에서 회의에 참석한다는 불안감도 있었다. 출장이 확정되는 순간부터 초조감과 불안감에 선배들에게 도움과 조언을 요청하였다. 근엄한 표정의 한 선배는 '미국은 강도들이 많은데, 특히 공항에서 조심할 것은 강도가 피켓을 들고 기다리는 사람들의 이름을 그대로 적어서 들고 있다가, 모르고 따라간 사람의 소지품을 빼앗고는 아무 곳이나 버리고 가니까, 마중 나온 사람에게 어느 부서에서 근무하는지를 반드시 물어보라는 것이다.' 이런 무시무시한 조언에 첫 경험의 출장은 긴장의 연속이었다. 14시간 기나긴 비행 중에도 잠도 못 자고 공항에 내려서 어떻게 대비해야 하나라는 생각만 골똘히 하였다. 마침내 JFK공항 영접장에서 아무리 찾아봐도 나의 이름이 있는 피켓을 들고 있는 사람은 한사람 뿐 더 이상 선택의 여지는 없었다. 그 사람을 따라 캐리어를 트렁크에 싣고 차를 타고 출발한 뒤에야 물었다. '어느 부서에 근무하느냐고?' 그런데 그 영접자의 대답은 나를 더욱 긴장하게 하였다. '리모회사에서 나왔다.'라고 한다. 아니 선배가 분명히 어느 부서에 근무하는지 반드시 확인하라고 했는데, 리모회사에서 나왔다니, 이제는 어떻게 해야 하지. 머릿속은 하얗고 머리털은 곤두서고 공항에서 호텔로 가는 그 길은 긴장의 연속으로 바깥 풍경은 보이지도 않았다. 오직 정신을 바짝 차려야 한다는 생각으로 뒷좌석에서 운전하는 영접자가 여차하면 맞서 대비할 생각만 하고 있는데 예약한 호텔에 도착했다며, 트렁크에서 캐리어를 꺼내 주었다. 그 순간 긴장이 풀리고 온몸에 힘이 빠지면서 피곤함이 느껴졌다. 호텔 체크인을 하고 나니 그래도 무사히 목적

지까지 왔다는 그 안도감에 피곤함보다는 미국이 어떤 곳인지 보고 싶었다. 용감하게 거리로 나가보자는 생각으로 호텔 가게에서 지도를 사서 무작정 거리로 나섰다. 호텔을 나설 때는 좋았는데, 한참을 걷다가 펼쳐본 지도는 자동차 지도, 가도 가도 기대한 상점 거리나 식당은 볼 수가 없었다. 가다가 기차역을 만났지만 기대하였던 모습과는 달리 커다란 주차장에는 텅 비어 있는 주차 공간만을 볼 수가 있었다. 결국은 다시 호텔로 돌아오고 그때 서야 피곤이 몰려오고 내일의 미팅을 준비해야겠다는 마음으로 샤워를 한 후 잠자리에 들었다. 깊은 잠을 잔 것 같은데 알람 소리에 일어나 기분 좋게 아침 식사하러 가 식당에서 바우처를 제시했다. 알아들을 수 없는 영어로 웨이터가 나중에 오라는 얘기만 계속하였다. 하는 수 없이 아침은 포기하였다. 회의 준비에 정장 차림으로 만나기로 한 약속 시간인 8시보다도 조금 일찍부터 로비에서 기다리기 시작했다. 로비에서 바라보는 바깥은 아직 어둠이 짙게 깔려 있고 조명이 켜져 있었다. 그래서 혼자만의 생각으로 미국은 해가 참 늦게 뜨네, 호이어는 왜 이리 안 오지, 절대 약속에 늦을 사람이 아닌데 그러던 시간이 8시20분을 지나고 있었다. 긴장하던 마음속에 불현듯 떠오르는 생각이 혹시나… 그제야 호텔 카운트에서 계속 지켜보던 여직원에게 물어보았다. '지금 몇 시죠?' 여직원이 8시 30분이라는 대답 다음에 힘을 주어 말하는 'PM'의 단어가 귀에 들리는 순간 얼굴이 홍당무가 되어 호텔방으로 바쁘게 돌아갔다.

지금에서야 생각하면 있을 수 없는 일이지만, 나의 어리석은 믿음은 웃음거리가 되는 사건을 만들었다. 이 사건을 계기로 나의 별명을 '어리버리 여행자'로 지었다. 누구나 잘못된 정보를 정확한 평가나 분석없이 그대로 받아들이거나 문화나 상황에 대해 알지 못하면서 자신의 생각만으로 누군가의 주장이나 의견을 사실로 믿을 수 있다. 그래서 나뿐만 아니라 다른 누구든지 할 수 있는 실수라고 생각한다. 실수나 잘못을 경험하고 깨우치는 것도 꼭 나쁘다고만 할 수 없다. 하지만 사전에 소통하고 공부하고 알아보고 판단의 기준을 가질 때 이러한 실수를 줄일 수 있을 것이다.

민주사회의 올바른 구성원이 되기 위해서는 자신만의 생각이나 신념만이 옳다는 주장보다는 서로가 소통하고 자유롭게 의견을 나누고 옳고 그름에 대한 가치 기준을 갖추어 제대로 된 판단 기준을 갖고 있을 때 거짓 정보로 현혹하는 사람들의 설 자리가 없어진다. 그럴 때 우리 사회도 올바른 민주주의가 정착될 것으로 믿는다.

기울다

민주주의의 기본 원칙은 누구에게나 공평하게 기회가 제공되고, 제공된 기회에서 공정하고 정의로운 경쟁을 통하여 서로의 발전을 도모하는 것이다. 이러한 민주주의의 기본 원칙을 지키기 위해서는 무엇보다도 평가를 담당하고 있는 심판 역할을 하는 국민이 중요하다. 스포츠 경기에서도 그렇듯이 심판의 능력과 자질에 따라 판정이나 경기 운영의 차이가 난다. 민주주의의 심판 기능을 담당하고 있는 국민의 자질과 수준에 따라서 상상하지 못한 엉뚱한 결과를 낳기도 하는 것이다. 그래서 민주주의는 어려운 것일지도 모르겠다.

　우리의 포퓰리즘의 시작은 서울시의 초등학생을 대상으로 한 무상급식 문제로 진보와 보수와의 갈등으로 인해 시민들의 의견을 묻는 투표로 시작된 것인지도 모르겠다. 보수진영의 당시 서울시장이었던 오세훈 시장은 소외계층만을 대상으로 하는 차별적 무상급식을 주장했지만, 진보 성향의 곽노현 교육감은 보편적 무상급식을 주장하였다. 서울시 시민들의 의식 수준이 당연히 차별적 무상급식을 선택할 것이라는 믿음을 가진 오세훈 시장이 서울시장의 직책을 걸고 시민투표를 제안하였고, 2011년 8월 24일 실시된 시민투표에서 개봉 투표율인 33.3%에 미달하는 25.7% 투표율로 투표함의 개표 없이 폐기되면서 2011년 8월 26일 오세훈 시장이 자진하여 시장직을 사퇴하였다.

　여러분은 어떤 생각을 하며 지금 투표한다면 어떤 제안에 동의할 것인가? 먼저 분명히 생각해야 할 일은 재원 즉 돈은 한계가 있다. 재원은 어디에 사용되는지에 따라 그 파급효과라든지 미치는 영향이 크다고 할 것이다. 그런데 이와 비슷한 사례가 기본소득일 것이다. 전 국민에게 일정한 금액을 소득에 상관없이 나누어 주는 것으로 우리는 코로나 사태 때 지원금 형태로 경험을 한 적이 있었다. 과연 이런 기본소득에 대해서 여러분은 어떻게 생각하는가? 기본소득에 대한 찬반 논란은 다른 국가에서도 논의가 된 적이 있으며, 특히 스위스에서 2019년 성인에게 조건 없이 약 300만 원을 지급하는 기본소득 안으로 국민투표에 부친 결과 압도적으로 유권자 77%가 반대하였다고 한다. 스위스에서는 왜 이런 기본소득 안에 대하여 압도적인 반대를 하였을까?

경제적 관점에서는 투자와 소비로 구분을 할 수가 있다. 투자란 미래에 더 큰 구매력을 얻기 위해 현재의 구매력을 일부 포기하는 행위를 말한다. 소비란 현재의 욕구를 충족시키기 위해 재화나 용역을 소모하는 일을 말한다. 투자가 되었든 소비가 되었든 재원이 필요하며, 재원은 한정되어 있다. 한정된 재원을 미래를 위하여 사용하면 투자가 되어 더 큰 구매력을 얻을 수 있다. 현재를 위해 소비한다면 미래에는 새로운 재원이 있어야 한다. 만약에 새로운 재원이 없다면 더 이상의 소비를 할 수가 없게 된다. 반면에 투자를 하게 되면 새로운 재원이 없어도 투자해 둔 재원에서 일부를 조달할 수가 있다. 그래서 최악의 상황에 대비할 수가 있는 것이다. 그런데 이러한 소비는 일종의 습관처럼 한번 하였던 소비를 줄이기 어렵다. 특히나 국가에서 무상으로 지원받는 지원책을 줄이면 많은 사람의 반발에 직면하게 된다. 그래서 초등학교 전면 무상급식이 시행된 이후 중학교, 고등학교까지 무상급식을 확대해 시행하고 있다.

지금은 대학교에서도 '천원 아침'이라는 이름으로 무상급식에 가까운 지원을 하고 있다. 한번 시작된 무상 지원은 시간이 지날수록 확대될 것이다. 무상으로 지원받는 사람의 처지에서는 기분 좋은 일일 수도 있겠지만 국가 전체로서는 미래에 얻을 수 있는 더 큰 기회를 잃고 현재를 위해서만 자꾸만 사용해야 한다. 그뿐만 아니라 사회적 약자를 보호하고 지원하는 역할이 되어야 할 무상 지원이 아니라, 있는 것을 다 같이 나누어 먹자는 것과 다름이 없다. 항상 좋은 시절만 있다면 다행이겠지만, 여름에 빈둥빈둥 놀기만 하던 베짱이가 겨울이 오면 어려움을 겪어야 하는 것과 마찬가지로 한정된 재원의 잘못된 사용으로 경제적 어려움이 닥쳤을 때 국민들은 더 큰 고통을 감당해야 할 것이다.

한정된 재원의 사용은 빈부격차나 능력의 차이를 보완해 주는 역할을 해야한다. 그런데 보편적 지원은 약자와 강자가 같은 출발선상에 서도록 하는 역할이 아니다. 오히려 빈부의 격차를 그대로 인정하는 꼴이 되어 빈부격차의 완화나 가진 자와 못 가진 자의 차이를 줄여주지 못한다는 점에서도 문제가 있다.

다른 한편으로는 자유롭게 야생에서 잘 살아가던 닭을 잡아서 모이를 주면서 길들인다면 결국 야생에서의 삶의 능력을 잃고 길들여진 닭이 된다. 야생 동물만 길들여지는 것이 아니라 사람들도 길들여진다. 공짜 즉 무상으로 제공되는 각종 지원제도에 길들여진 국민들은 점차 더 많은 것을 바라게 된다. 한번 시작된 지원제도는 중단하기도 줄이기도 어렵고 자꾸만 늘려가야만 한다. 이렇게 확대된 무상지원책으로 국가라는 배의 미래는 침몰할 위험에 처할 수도 있다. 그래서 심판 역할을 하는 국민의 자질과 수준에 따라서 무상 지원제도를 좋아하는 국가의 국민이 있을 수도 있다. 하지만 그러한 무상 제도를 싫어하는 국가의 국민도 있다는 것이다.

자본주의의 특성상 빈부의 격차가 날 수가 있고 경제적 약자가 분명히 존재하고 있다. 이러한 약자들을 위한 차별적인 지원은 분명히 공평한 기회 제공이라는 점에서 동의를 할 수 있다. 하지만, 빈부의 차이를 무시하고 보편적인 지원을 한다면 싫어하는 사람보다도 좋아하는 사람들이 더 많을 수는 있을 것이다. 그러나 공평한 기회의 제공이라는 민주주의 원칙이 아니라 양계장 주인이 되려는 정치인들이 표를 갈구하는 얄팍한 술수에 불과한 것이다. 결코 민주주의 발전을 위해서는 도움이 되지 않을 뿐 아니라 미래세대에는 국가가 더 큰 위험으로 기울 수 있다는 점을 명심해야 할 것이다.

평하다

호감도가 높으면 일 잘하는 대통령인가? 대통령은 연예인이 아니다.

언제부터인가 우리는 대통령의 호감도 조사를 한다. 여러 여론조사기관에서 실시하여 수시로 공개하고 있다. 그런데 그러한 대통령의 호감도 조사가 마치 연예인들의 인기투표와 비교되는 점이 있어 씁쓸하기만 하다. 그럼 호감도 높은 대통령은 어떤 대통령일까? 과연 국민의 미래를 걱정하고 일 잘하는 대통령일까? 즉 전형적인 지도자형의 대통령이 호감도가 높을까? 분명히 아닐 것이다.

산업화 역군으로 인정받는 박정희 대통령도 '내 무덤에 침을 뱉어라.'라는 말을 남겼으니 그 얼마나 국민의 반대와 원성을 많이 들었다는 것이겠는가? 반대로 재임 기간 내내 40% 이상의 호감도를 기록하였던 문재인 대통령은 일을 잘했다고 생각하는 국민이 얼마나 될까? 결국 호감도와 국민의 미래를 위해 진정으로 제대로 된 일을 한 대통령과는 무관한 것이라고 봐야 하지 않을까? 사실은 이런 호감도가 높다는 것은 결국 국민에게 뭔가 혜택을 많이 주었다는 것이다. 혜택은 인기를 위하여 지원하는 것으로 곧 포퓰리즘 정책일 수도 있다. 결국은 다음 대통령에게는 나쁜 영향을 미친다고 보는 것이 옳지 않을까? 그렇다면 우리가 지금 실시하고 있는 호감도 조사라는 것이 결국 잘못된 것일 뿐 아니라 아무런 의미가 없다는 것이다.

이런 호감도 조사를 통하여 의사결정을 한다면 우리나라의 경부고속도로는 없었을 것이다. 그뿐만 아니라 삼성의 반도체 사업도 없었을 것이다. 어떤 기업에서 미래 사업의 중요한 결정을 하기 위해 전사원의 의견을 듣기로 했다면, 과연 어떤 답변이 나올까? 맡은 직책에 따라 각기 다른 의견이 나올 뿐만 아니라 그 의견은 제각각 자기의 입장만을 반영할 것이다. 결국은 아무런 의미도 없는 의견이다. 어쩌면 서로의 갈등만 조장하는 최악의 사례만을 남길 뿐일 것이다. 그래서 기업에는 최고 경영자가 있고 배에는 선장이 있으며, 국가에는 최고의 의사결정자인 대통령이 있는 것이 아니겠는가? 그런데 대통령의 생각과 일반 서민들의 생각이 같다면 그 대통령의 능력이 있다고 할 수 있을까? 대통령은 연예인이 아니기에 결국 호감도가 중요한 것이 아니다. 일반 국민들이 가지지 못한 안목과 혜안을 가지고 국가의 미래를 내다보고 선제적으로 정책을 결정하여야 한다. 그런 중요한 의사결정의 자리인데 불구하고 최근에는 호감도라는 잣대로 대통령의 정책이 어떻다고 자꾸만 몰아세우고 있다. 이런 언론들이 오히려 문제가 있다고 생각하지는 않는가?

세계적으로 유명한 프리미어리그의 선수에 대한 평점도 경기가 끝나고 발표가 된다. 마찬가지로 대통령의 평가는 그의 재임 기간이 끝나고 난 뒤에 공정한 평가표에 의하여 업적평가를 받는 것이 맞지 않는가? 그런데 우리는 전임 대통령에 대한 선호도를 발표하면서 그 평가 기준에 관해서 얘기를 들어본 적이 있는가? 단순히 "서민적이다.", "소통을 잘했다.", "독재를 했다."는 주관적인 지표들은 이야기하지만 누구도 공정하고 누구든지 동감할 수 있는 평가 기준에 대해서는 한 번도 들어보지도 못했고 본 적이 없다.

더군다나 박정희 대통령은 일본 치하에서 일본 이름을 가졌다고 욕하는 사람들이 많다. 그때는 일본의 치하이기 때문에 일본 이름을 가지는 것이 어쩌면 당연하다. 그런데 지금의 기준으로 그때의 상황도 모르는 사람들이 그런 주장을 한다는 자체가 웃기는 이야기가 아닐까? 누군가가 비행기에서 담배를 피웠다고 말하면 뭐라고 말할 것인가? 아마도 불법을 저지른 사람이라고 말하는 사람들이 분명히 있을 것이다. 그러나 예전에는 비행기 화장실에서도 담배를 피우고, 비행기 맨 끝 좌석의 빈 공간이 흡연실 역할을 하여 담배도 피우고 잡담도 하던 때가 있었다. 그런 사실이나 상황을 모르는 사람은 분명히 누군가가 비행기에서 담배를 피웠다면 불법을 저지른 것으로 생각할 것이다. 하지만 시점에 따라서 그 기준이 다른 것처럼, 나라를 잃은 국민이 당연한 의무처럼 우리의 한글을 사용 못하고 일본 이름을 사용하도록 강제된 시절이 있었다. 그런데 그런 사실은 망각하고 그저 일본인 이름을 가졌다고 친일파라고 주장하는 그 자체가 얼마나 어리석고 생각이 짧은 것인가?

호감도 조사에서 높은 점수를 받은 문재인 대통령이 한 일은 무엇이 있는가? 북한의 괴수인 김정은에게 아직도 밝혀지지 않은 내용의 USB를 전달하고 핵 개발은 절대로 없다고 자부하였다. 그러면서 아낌없는 경제적 지원도 하였지만 지금 그런 약속들이 지켜지고 있는지 보아라! 그럼 그때 호감도를 높게 주었던 국민이 잘못 평가한 것이 아닌가? 결국 한 나라 대통령의 평가를 재임 기간에 호감도라는 명목으로 하는 평가는 오히려 포퓰리즘만 조장을 하는 것이다. 대통령으로 선출한 이상 마음껏 국민을 위한 능력을 발휘할 수 있도록 음으로 양으로 지원하여야 한다. 그리고 재임 기간이 끝난 뒤에 공정하고 객관적인 평가 기준에 따라서 그 업적을 평가하는 것이 당연한 것이 아니겠는가?

분명히 말하고 싶은 것이 있다. 양계장의 닭들에게 인기를 얻으려면 먹이를 많이 자주 주면 된다. 호감도가 높은 대통령이 되고 싶다면 국가의 미래와 국민의 미래는 생각할 것 없이 자주 국민이 좋아하는 정책이나 혜택을 만들면 된다. 그리고 문재인 대통령처럼 젊은이들과 함께 맥줏집에서 생맥주잔을 기울이는 모습을 전 국민이 보도록 자주 언론을 통해서 방영하면 될 것이다. 하지만 그런 것은 실질적인 대통령의 능력을 보여 주는 것이 아니라 보여 주기 식의 행사이다. 결국 양계장의 화려한 불빛일 뿐이지, 그 불빛이 국민의 미래에 도움이 되는 불빛이 아니라는 것을 명심해야 할 것이다.

3부

밤을 잃어버린 닭

공정하지 않은 세상의 사람들

"부정과 부패를 묵인하고 불의에 항거하지 못하는 사람들이 많아지면서,
양계장 생활에 익숙해지거나 체념하는 사람들이 늘어만 간다."

틀리다

"

자연 그대로 내버려두는 방치가 자연보호나 환경보전이 아니다.

"

성철 스님의 유명한 어록 중의 하나가 "산은 산이고 물은 물이다."라는 말이 있다. 하지만 이 말이 틀렸다고 생각한다. 산과 물이 어우러지는 존재로 삼천리 금수강산을 이루는 것이지 산으로만 또는 물만으로는 그 아름다움을 제대로 표현하지 못한다. 우리가 우리라고 표현하지 못하듯이 좌파 우파, 진보 보수, 중장년 청년, 남자 여자 등 갈가리 찢어지듯 나누어져 제각각 목소리만 크게 내고 있다. 이러니 우리는 발전하는 것이 아니라 미래로 나아갈 길을 자꾸만 뒷걸음질 치고 있다. 그러면 누가 우리의 이런 나누어진 목소리를 하나의 목소리로 화음을 만들 수 있을까? 우리는 하나가 되어야만 미래로 향하여 치달을 수 있을 것이다. 그것은 다른 누군가가 할 수 있는 것이 아니다. 우리 국민 스스로가 깨우치고, 우리라는 울타리에서 화합을 하여 하나의 목소리를 내는 수밖에 없다.

우리나라에는 환경을 사랑하는 사람들이 많은 것 같다. 한때는 어느 절의 스님마저도 고속철도를 만들기 위한 터널 공사가 도롱뇽 서식지가 위협을 받는다고 각종 소송으로 공사를 지연시켰다. 결국 공사 지연으로 막대한 국고의 손실을 가져 왔다. 그뿐만 아니라 설악산 케이블카의 반대, 만들어져 있는 4대강 보의 해체, 사드 배치 반대 등 이루 말할 수 없는 반대와 시위로 막대한 사회적 비용이 발생하고 있다. 참으로 궁금한 일이 있다면 장애인의 이동권을 보장해 달라며 지하철의 운행을 방해하던 전국장애인 연합이라는 분들이 있었다. 그런 단체에서는 장애인을 위해서 당연히 높은 산에 케이블카

설치에 찬성해야 하지 않을까? 왜 수많은 서민이 출퇴근에 의지하는 지하철을 볼모로 잡으면서, 환경단체가 설치를 반대하는 케이블카에 대해서는 입다무는지 이해를 할 수가 없다.

4대강 보만 하더라도 유럽을 여행해 보신 분들은 느끼시겠지만 유럽의 수많은 강에는 우리처럼 둔치가 없다. 둔치가 없으니 차나 전차와 나란히 배가 다닌다. 한때 유람선 사고로 우리 관광객들 사상자도 발생하였던 부다페스트의 다뉴브강에는 우리의 한강 폭보다 좁은데도 커다란 유람선이 다니고 둔치가 없다. 둔치가 없는 이유가 그들은 보를 만들어 물을 관리하고 있기 때문이다. 그래서 언제나 일정한 양의 물이 흐르도록 하고 있다. 우리의 환경단체 주장대로라면 유럽인들은 환경보전에 관심이 없어서 보를 만들고 물을 관리하는 것일까? 그렇게 아름다운 자연을 가진 스위스에서는 높은 산마다 케이블카가 설치되어 있다. 그뿐만 아니라 터널을 뚫고 기차까지 다니고 있는데 그들에게 환경파괴자라고 할 수 있는가? 결국 우리의 환경주의자들은 과도한 억지 주장에 논리적 근거도 없이 확인되지 않은 사실로 반대에만 급급한 것이 아닌가? 스위스를 방문해 본 사람들이라면 느끼는지 모르겠지만 나의 시각으로는 스위스는 우리와 다를 바 없는 산악 국가이며, 단지 다른 점이 있다면 더 높은 산에 있는 만년설 그리고 빙하 등이 다를 뿐이다. 스위스는 우리와 같은 산악지역을 조경하듯이 잘 관리하고 멋지게 설계했다는 점이 다를 뿐이다. 우리는 목초지보다 아스팔트나 시멘트 등이 드러나 있고, 그들의 도로는 목초지와 어우러져 잘 드러나지 않는다. 그러면서 산악 이곳저곳에 도로가 나 있다. 그리고 잡목이 우거지게 하는 것보다는 거목들이 눈에 드러나도록 배치하고, 자연과 사람들의 창조물들과 잘 어우러지도록 배치와 색상을 고려한 것뿐이다.

앞으로 우리가 나아갈 길 중의 하나가 우리의 아름다운 금수강산을 그냥 방치할 것이 아니라 사람들이 감탄할 수 있는 모습으로 잘 꾸미는 것이다. 우리의 산들을 잘 꾸미며 스위스에 버금가는 아름다운 자연으로 만든다면 관광산업이 더욱 발전할 수 있는 계기가 될 것이다. 이렇게 자연과 사람의 창조물들이 잘 어우러지기 위해서는 산은 산으로 물은 물로 별개로만 생각해서는 안 된다. 하나의 조화로운 자연으로 서로가 어우러지도록 하면서 거기에 사람의 창조물과도 조화를 이룬다면 세계인의 사랑받는 금수강산으로 거듭날 것이다.

그래서 지금이라도 제안하고 싶은 것이 있다면, 우리가 경부고속도로를 만들어 산업의 동맥으로 활용하면서 지역 경제가 발전하고 국가의 경제도 발전할 수 있는 기회를 가질 수 있었다.

고속도로가 서로를 연결하여 지역의 특색을 반영한 산업 발전의 근본이 된 것이다.

전 국토의 63%가 산악지대인 우리는 지금까지 그 소중한 자원인 산을 제대로 활용을 못 해 왔던 것이 사실이다. 최근에서야 지자체에서 등산로를 만들고 자연휴양림을 조성하고 점차 산림과 산을 활용하는 사례가 늘어나고 있다. 하지만 아직도 산을 잘 활용하는 선진 국가들에 비하여 턱없이 부족한 것이 산의 도로인 임도이다.

스위스의 산들에서 배워야 하는 것은 멀리서 바라보면 단순히 산으로 보일 뿐이다. 그러나 그 산 어디를 가던 길이 뚫려 있다는 사실이다. 길 뿐만 아니라 케이블카, 기찻길 그리고 터널, 산을 우리처럼 환경보호라는 미명으로 방치를 하는 것이 아니다. 인간의 필요에 따라 사람들이 산을 오를 수 있도록 트레킹[32] 길도 만들고 기찻길도 만들어 사람들이 정상까지 힘들이지 않고 올라갈 수도 있도록 하는 것이다. 사전에 잘 계획된 디자인에 따라 비록 산악 지대라 하더라도 무조건 개발이 아니라 인간의 삶과 자연환경이 조화를 이루어, 누구라도 그 자연환경을 감탄하면서 감상하도록 개발한다. 그렇게 하여 자연환경을 인간이 이용할 수 있도록 하는 것이지, 우리의 자연처럼 방치하는 것이 자연보호와 환경보전이 아니라는 것이다.

우리 산의 가치를 인정하는 외국인들이 늘어나면서 전국의 유명한 산에서 심심치 않게 외국인 관광객들을 볼 수 있는 기회가 늘어나고 있다. 이제는 산은 산이요, 물은 물이라며 방치할 것이 아니다. 금수강산 우리의 자연환경도 소중하고 가치 있는 자원이다. 산에도 길을 만들고 사람들이 쉽게 다가갈 수 있는 자연환경으로 만들어 우리의 삶과 어우러지는 멋진 자연을 가꾸고 만들어 가야 한다. 아름다운 금수강산이 소중한 관광자원으로 개발된다면 한국을 방문하고자 하는 외국인들은 점차 늘어만 갈 것이다.

---

32   여유롭게 산길을 걸으며 자연풍광을 감상하는 산행.

슬프다

불의에 맞서는 용기를 잃어버린 젊은이들의 모습에 슬프다.

나라를 잃은 슬픔에 눈물을 흘렸던 우리 국민들은 해방의 기쁨과 전쟁의 고통을 거쳤다. 이런 과정에서 민주주의가 채 정착하기 전인 1960년 3월 15일 부정선거에 대한 항거는 고등학교 학생들의 시위에서 시작되었다. 대구에서는 1960년 2월 28일 대구 시내 8개 고교 학생들이 시위를 시작하였다. 3월 15일 마산에서 규탄 시위하던 마산상업고등학교 김주열 군이 행방불명되었다. 그런 김주열 군이 4월 11일 마산 중앙 부두 앞 바다에서 최루탄이 눈에 박혀 사망한 채로 발견되면서 4·19혁명의 도화선이 되었다. 학생과 교수, 시민까지 참가하면서 4월 26일 이승만 대통령의 하야 성명으로 4·19혁명은 막을 내렸다.

　민주주의가 채 정착되기도 전의 혼란의 시기이었지만 자유민주주의의 중요성을 어린 고등학생들이 절실히 깨우치고 있었다. 그런 어린 고등학생들이 시위에 앞장섰다가 희생되었다는 것은 참으로 가슴 아프고 슬픈 일이다. 그런데 또 하나의 슬픈 일이 있다. 지금은 옳지 않은 일을 바로잡기 위한 일에 아무도 나서지 않는다는 것이다. 모두가 방관만 하고 있다. 2019년 홍콩에서 일어난 시위에서도 홍콩의 중학생뿐만 아니라 일부 초등학생까지 시위에 참여하여 불의에 항거하였다. 그런데 무엇이 우리 젊은이들의 용기를 빼앗았기에 불의나 공정하지 않은 일에 항거하는 것을 포기하게 한 것일까? 젊은이 자신들의 미래를 결정짓는 무엇보다 중요한 일에 아무도 나서지 않고 있다. 자유를 누릴 수 있는 자유민주주의의 체제를 스스로 포기하겠다는 것인지,

그런 것이 아니라면 왜 이런 일이 발생하는지 너무나 슬픈 일이다. 분명히 무엇인가 잘못되어도 한참 잘못되어 가고 있다.

민주주의가 뭔지도 잘 알지 못하던 시절의 나이 어린 학생들은 일본의 지배하에서 해방이 되고 북한의 남침 전쟁으로 모든 게 폐허가 되어 고향을 떠나 피난처에서 공부해야 했다. 그런 어려운 환경 속에서 배우고 공부하였던 어린 학생들은 권력의 부정에 항거하여 홀연히 일어서서 당당하게 자신들의 주장을 하였다. 그 어린 학생들이 그렇게 항거할 수 있었던 것은, 어쩌면 어려운 환경 속에서도 교육만은 제대로 그 역할을 하였다는 것이다. 어린 학생들이 어려운 환경에서도 제대로 된 교육으로 배우고 배운 것을 실천하였던 것이다. 지금의 학생들은 불의에 항거하지 않고 나와는 상관없다는 듯이 외면하고 있다. 이는 우리의 교육이 잘못 가르치고, 잘못 배우고 있다는 것이다. 그렇게 잘못 배운 학생들이기에 불의와 불공정, 자유를 잃어버릴지도 모르는 중차대한 상황에 직면해 있는데도 그저 눈 감고 침묵으로 대응하는 것이다. 이는 민주시민으로서 역할을 하도록 제대로 된 교육을 받지 못했다는 이유 때문일 것이다. 지금 우리의 교육은 무엇인지 잘못된 교육시스템이라는 것이 명백한 것이다.

아마도 잘못된 교육으로 인하여 우리의 젊은 학생들의 생각이 이렇게 변하지 않았을까?

첫째, 우리라는 정체성을 잃어버리고 너무나도 개인주의의 성향에 굳이 내가 나서 피해를 볼 필요가 없으며 누가 대신해 줄 거라는 안이한 생각을 하는 것은 아닐까?

둘째, 민주주의 원칙이나 옳고 그름의 판단 기준이 명확히 서지 않는다. 자유민주주의 체제의 정의라는 개념보다는 유튜브, SNS, 친구들의 의견, 온라인 매체의 영향 등으로 민주라는 말을 선호한다. 단어 한마디에 진정한 의미와 내용은 상관없이 민주주의를 위해 뜻있는 일을 한다고 착각한다. 그래서 다수의 의견에 아무런 생각 없이 동조하고 선동되어, 불의나 불공정에 항거하기보다는 민주라는 단어에 맹종하는 경향이 있다.

셋째, 우리를 슬프게 하는 가장 큰 이유 중의 하나가 이미 불의에 맞서는 용기를 잃어버린 것이 아닌지 우려가 된다.

양계장 닭의 조상들도 처음부터 양계장의 닭이 된 것은 아닐 것이다. 누군가는 닭장 속에 갇히는 것에 저항하고 반대하고 투쟁하였겠지만, 그런 의지나 마음을 점점 잃어가면서 자유를 포기하고 양계장의 닭으로 살아가는 것에 익숙해진 것이 아닐까? 우리가 점차 양계장 닭의 삶에 익숙해 질려는 것이 아닌지 현실이 그저 슬프게만 느껴지는 것이다.

전 세계적으로 대표적인 양계장 닭 신세의 삶을 사는 사람들 모습은 전체주의 국가에서 많은 사례를 볼 수가 있다. 특히 우리와 같은 민족인 북한 인민들은 자유가 무엇인지도 모르고 그저 양계장 삶에서나 살려고 발버둥 치고 있다. 우리의 미래세대에게는 절대로 그런 양계장 닭의 삶을 물려주어서는 안 된다. 자유가 무엇인지도 모르고 자유를 스스로 포기하는 어리석은 닭들처럼 자신의 미래를 위해 항거하거나, 당당하게 자신의 의지를 밝히지도 못하는 용기 없는 젊은이로 가르치고 교육한 우리의 잘못과 현실이 슬프고 또 슬플 뿐이다.

넣는다

누군가가 당신의 호주머니에 당신의 물건이 아닌 것을 마음대로 넣고 또 마음대로 꺼내 쓴다고 하면 당신의 기분은 어떨까? 당연히 화가 나고 그렇게 하도록 내 버려두지는 않을 것이다.

그런데 왜 당신의 마음과 생각에는 다른 사람이 자기의 생각을 마음대로 넣겠다고 하는 데도 가만히 있을까? 아마도 오랜 연륜으로 나이가 많은 중장년도 그렇겠지만 한창 젊은 나이의 청년들이라면 더욱 동의하지 않을 것이다. 자유로운 생각을 하면서 자라온 세대들이 가장 싫어하는 것 중의 하나가 강요, 즉 내가 하고 싶어서 하는 것이 아니라 누군가의 억지로 시키는 일이다. 어쩌면 그것이 우리가 지키고자 하고, 반드시 지켜야 할 자유와 같은 것이다. 누군가가 나의 호주머니에 황금과 같은 귀중하고 소중한 물품을 넣어준다면 우리는 감사할 일이고 기분이야 좋을 수 있다. 하지만 세상에는 공짜가 없다. 아무런 이유도 없이 공짜로 누군가가 절대로 나에게 황금을 주머니에 넣어 줄 수 없다. 만일 그런 황금을 받았다면 어쩌면 뇌물이나 부정한 일과 연루될 때만 가능한 일이다. 그렇기에 누군가가 무엇인가를 공짜로 주겠다고 한다면 그것은 내 호주머니에 자기 마음대로 무엇을 넣겠다고 하는 것이다. 그러면 왜 저 사람이 내 호주머니에 자신에게도 소중하고 귀중한 물건을 넣어주겠다는 것인지부터 생각해 봐야 한다. 물론 가족이나 가까운 친구 간에는 선심으로 나의 호주머니에 아무런 대가 없이 무언가를 넣어주겠다면 그런 것은 사랑일 수 있다. 우리가 모르는 사람, 그리고 정치인들이 쉽게 말하는 기본소득을 비롯하여 무엇이든 내 호주머니에 공짜로 넣어주겠다면 그것이 올바르고 타당한 것인지부터 생각해 보아야 한다.

공짜로 주는 것이니 좋아하고 호주머니를 빌려주는 순간, 그것 때문에 나쁘거나 옳지 않은 일에 연루되거나 얽매이게 되는 것이 세상사 이치이다. 물고기를 낚을 때 쓰는 미끼도 공짜 같지만 결국 그 미끼 때문에 물고기가 잡히는 것이다. 양계장에 갇혀서 평생을 밤낮을 구분 못하고 알만 낳는 닭들도 모이라는 공짜에 대한 혹독한 대가를 치르는 것이다. 그래서 누군가가 내 호주머니에 무언가를 넣겠다고 하면 당연히 왜 그럴까를 생각해야 할 것이다. 하지만 내 머리, 마음 그리고 생각 속에 무엇인가를 넣으려고 해도 아무런 생각 없이 넣는 것을 허용하는 것이 지금의 현실이 아닌가?

어떤 모르는 사람이 소중한 무엇인가를 자신이 갖지 않고 나에게 주겠다고 한다. 그러면 그 무엇인가는 좋은 것보다는 나쁜 것일 가능성이 크지 않을까? 우리가 길을 가다가 때로는 내가 들고 있는 쓰레기를 버릴 곳이 마땅하지 못해 찾을 경우가 있다. 버릴 곳을 찾다가 남의 집 앞에 있는 쓰레기통이나 누군가가 버려 놓은 쓰레기더미를 발견하고는 거기에 버릴 때도 가능하면 보는 사람이 없을 때 버리려고 한다. 그런데 그 반대로 만일에 내가 그 쓰레기통의 주인이고 누군가가 쓰레기를 버리려는 모습을 보았다면 그냥 있을까? 눈으로 보이는 쓰레기에 대해서도 이렇게 민감하게 반응한다. 그런데 나의 몸을 지배하는 정신, 마음 그리고 생각 속에는 아무렇지도 않게 여기는 경우가 많다. 누군가가 아무것이나 넣고 빼고 나의 동의도 안 받고 자기 것처럼 이용하려 한다면 허락해 주겠는지 생각해 보자.

그런데 우리는 눈에 보이지 않는다고 누군가의 주장을 아무런 생각 없이 그대로 받아들인다. 결국은 내가 스스로 허락해 준 것과 다를 바가 없다. 내 호주머니에 넣을 때는 이것을 넣어도 좋을 것인지 나에게 필요한 것인지를 생각하고 결정한다. 그런데 눈에 보이지 않는다고 누군가가 말하는 것에 대해서는 아무런 생각을 하지 않는다. 그러면서 그런 주장을 내 마음속에 마음대로 넣도록 허용해 준다. 결국 그런 사람들의 주장이나 선동에 따라서, 말도 되지 않는 광우병이니 세월호이니 탈원전 등 정치인들의 주장을 내 머리에 정치인들의 생각과 마음을 넣도록 허용하는 것이다. 그리고는 그들이 원하는 방향으로 움직여 거리로 나간다. 그들이 원하는 대로 촛불을 들고 함성을 지르고 구호를 외친다. 게다가 자라는 아이들에게 보여 주겠다며 아이들의 손을 잡고 유모차를 끌고 함께 나오는 것이 아닌가?

　내 머릿속의 주인은 나인데도 생각과 마음을 누군가가 마음대로 넣도록 허용한다. 그리고 그 누군가가 내 생각을 마음대로 조정하여 나의 몸마저도 그들의 생각대로 움직이도록 허락하는 어리석은 행동을 한다. 그리고 나 혼자만도 부족해서 자라나는 아이들에게 생각을 마음대로 넣도록 가르친다. 그래서 사려 깊은 지식인들은 나의 호주머니를 함부로 빌려주지 않듯이 내 생각과 마음속에 아무것이나 넣지 않는다. 무엇을 넣기 전에 그것이 옳은 것인지 소중하고 귀중한 것인지부터 생각하고 논리적으로 따져 본다. 이 사람이 나에게 하는 이야기들이 논리적으로 맞는 것인지 그동안의 나의 경험과 나의 가치관으로 타당한지를 생각한다. 그리고 사회 통념상 옳은 것인지, 규칙을 따르고 있는지를 생각한다. 그리고 내 생각에 넣으라며 강요나 우격다짐은 없었는지 판단해 본다. 예의를 갖추고 정중하게 의견을 구하는 것인지 여부를 생각한다. 사려 깊은 지식인들은 단순하게 좋다 나쁘다는 감정이나 감성적인 판단보다는 나름대로 정리된 판단의 기준에 따라 사고를 한다. 그러고 난 뒤에, 이런 사람의 옳지 않은 주장은 함부로 넣어서는 안 되겠다고 판단하고, 그 이야기에 대한 자신의 의견을 표출하여 비평을 하거나, 함부로 넣는 것을 허용하지 않는 것이다.

하지만 이러한 깊이 있는 사고를 하지 않는 양계장의 닭이나 물고기들의 생각은 단순하고 감정적이고 감성적이다. 그들은 배고프다 무섭다 먹는다 등의 기본적 욕구가 강하다. 또 슬프다 불쌍하다는 감성적이나 감정적인 표현에 쉽게 마음에 넣도록 허용한다. 이러니 반응도 빠르고 그 열기도 금방 식는다. 이런 것을 냄비근성이라고 한다. 결국 이런 감정적 감성적인 사람들 마음은 자극적인 표현으로 쉽게 선동된다. 그뿐만 아니라 선동된 내 마음이 내 몸마저도 그들의 주장에 따라 움직이게 하는 것이다.

똑같은 죽음을 두고 국가를 지키기 위해서 생명을 바친 국군 장병과 단순히 여행을 갔다가 사고로 생명을 잃은 사람을 두고도 사람에 따라서 평가가 달라진다. 이것은 나의 마음과 생각에 마음대로 넣도록 허용한 사람과 허용하지 않은 사람의 판단 기준이 다르기 때문이다. 누구에게나 한번 밖에 가질 수 없는 소중한 생명을 무엇을 위하여 희생하였는지 생각하는 사람은 논리적 사고를 하는 사람이다. 하지만 단순히 불쌍하다는 점에 관점을 두는 사람은 아무런 생각 없이 동물의 본성에만 의존해서 생각한다. 동물적 본성에만 의존하는 양계장 닭과 같은 사람들은 그 생명을 잃은 이유가 중요하지 않다. 그들은 단순히 불쌍하다는 것에 관점을 둔다. 누군가가 그렇게 "불쌍하니까 그 사람들을 위해서 무엇이라도 하는 것이 당연하다."라는 주장에 그냥 쉽게 마음을 열게 되는 것이다. 마음을 여니 몸까지도 따라서 행동하는 것이 아니겠는가?

생각이 깊은 사람일수록 보이는 나의 호주머니보다는 내가 가지고 있는 생각과 마음을 중요시한다. 내가 받아들이는 생각과 지식 그리고 경험의 폭을 넓히기 위해 다양한 문화를 습득한다. 그러기 위해 책을 읽고 다른 사람의 주장에 귀를 기울이면서 나름대로 판단 기준을 갖는다. 나의 마음과 생각 속에 다른 사람들의 생각을 함부로 넣지 못하도록 주관과 자존감을 가지고 결정한다. 반면에 깊이 없는 생각으로 동물의 본성에만 의존하는 감성적인 사람들은 다른 것에는 관심이 없다. "재미있다.", "불쌍하다." 그리고 내 개인적인 문제에만 관심이 있지 전체가 어떻게 되었든 나와 연관이 되지 않는다면, 아무런 관심을 가지지 않기 때문에 단순하고 감성적인 것을 쉽게 받아들인다. 누군가가 내 생각에 그들의 생각을 넣으려는 의도에 쉽게 동조를 하여 몸까지 조정받는 것이다.

이제부터라도 당신의 호주머니에 무엇을 넣겠다는 사람이 있다면, 그럴 때 한 번쯤 생각하는 것 이상으로 당신의 마음과 생각에 무엇을 넣겠다는 사람을 조심해야 한다. 내 마음과 생각에 무엇을 넣든 무조건 허락해서는 안 된다. 내 마음과 생각을 지킬 수 있는 든든한 가치 기준을 만들고 생각에 대한 논리와 지식의 함양을 통하여 깊이 있는 사고를 하여야 한다. 또한 그 가치 기준이 쉽게 흔들리거나 선동되지 않는 사려 깊은 사람이 되어야 한다. 우리 사회의 구성원들이 사려 깊은 사람들로 가득 채워진다면, 선동적인 문구로 우리의 마음과 생각 속에 나쁜 것을 함부로 넣을 수도 없다. 그리고 자존감이 있는 사람들은 잘못된 것에 속거나, 남을 속이는 일에 그냥 방관하고 있지는 않을 것이다.

그런데 우리는 한 번쯤 지나가 보았을 고속도로에서 터널에서 이상한 굉음을 듣고도 나를 속여서라도 안전 운행을 위한 것이라고 이해한다. 때로는 그런 사실조차도 알지 못한다. 또 생맥줏집에서 이익을 위해 나를 속인 사실조차도 모른다. 그뿐만 아니라 정치인들이 거짓말을 해도 지지하고, 욕설하든 선동하여도, 품위와 품격을 잃은 언어를 사용해도 그런 정치인들에게 표를 주는 것이다. 만일 사회 구성원들이 자존감 있는 존재로 바뀐다면, 서로가 서로에 대한 예의를 갖추게 되고 명예를 중요시한다. 명예를 중요시한다면 거짓말을 하는 사람들을 멀리하게 된다. 또한 사용하는 언어나 단어의 수준이 품위와 품격을 갖추게 되고 남을 비방하고 남을 속여 자신의 이익만을 추구하는 사람들을 멀리할 것이다. 그런 구성원들로 채워진다면 자신의 출세와 권력만 추구하는 사람들이 설 자리가 없어질 것이다. 그러면 감사의 마음을 표현하는 사람들과 남을 배려하는 양보와 서로가 웃으며 미래의 희망을 꿈꾸며 대화를 할 수 있는 날이 올 것이라 믿는다.

우리가 우리의 마음이나 생각 속에 억지로 넣도록 강요받는 것이 바로 현수막이다. 길을 가다가 보면 원하든 원하지 않든 볼 수밖에 없는 위치에 현수막이 걸려 있다. 대부분 현수막에는 정치적인 슬로건이 되었던 비방하는 글들이 쓰여 있다. 결국 내가 보고 싶지 않고 생각하기도 싫은 내용이지만 기억하도록 강요받고 있다. 정치인들의 이런 형태로 인하여 많은 사람은 분노하게 된다. 고마운 마음보다는 비평과 비난 그리고 신뢰가 무너져 대화는 사라지고 혼자만의 생각으로 편견은 커진다. 결국 정치인들은 양계장 닭들의 머리에 밤을 밝히는 조명이 낮에 뜨는 태양이라고 믿도록 하는 데 성공하는 것이다. 정치인들은 그래서 반복해서 현수막을 게시하게 된다. 법을 만들어 규제하여도 자신들만을 위한 예외 규정을 만든다. 결국에는 정치인들은 특별한 존재가 되어 그 법을 피해 가고, 힘없는 일반 서민들만 그 법을 지켜야 하는 차별적인 상황이 된다.

우리 사회는 이런 일들이 반복적으로 일어나고 있다. 말로는 국민이 주인이라며 국민이 묻는 말에는 대꾸도 하지 않는다. 그러면서 국민 위에 군림하는 존재들이 되어 국민들은 어려운 경제의 위기로 고통을 받고 있는데 자신들의 세비는 올린다. 그뿐만 아니라 각종 혜택은 늘려가기만 하는 것이 현실이다.

자기의 호주머니나 통장은 소중함을 알면서, 왜 자기 머리와 생각은 정치인들이 마음대로 그들의 생각을 넣었다 빼기를 반복해도 아무렇지 않다는 것인지…. 진정한 국가의 주인인 국민이여! 이제는 깨어나기를 바란다. 우리의 마음, 머리 그리고 생각에는 감사와 고귀한 지식, 경험, 품위와 품격을 갖춘 언어들, 상류사회의 예절, 다른 사람을 위한 양보와 배려심, 기분 좋은 일 그리고 미래의 희망이 아니라면 절대 넣지 않도록 하자.

이기다

무조건 이기는 것이 아니라, 경기의 규칙을 알고 지키며
상대를 배려하는 에티켓 즉 공동의 예절을 생활화해야 할 것이다.

아무도 지고 싶은 사람은 없을 것이다. 특히 이웃하고 있는 국가 간의 스포츠 경기를 보면서 응원하면서 경기를 지고 나면 그것만큼 허탈하고 기분이 상하는 때가 없을 것이다. 그렇다고 만일 경기에서는 이기기는 했는데 누가 보아도 심판의 편파적인 판정이나 응원하는 팀이 반칙해서 이긴 경기라면, 여러분은 그래도 손뼉을 치고 환호를 할 수가 있을까? 스포츠 정신은 정정당당하게 공정하게 경기의 규칙을 지키며 경쟁하는 것이다.

지금 우리 사회의 큰 문제점 중의 하나는 수단 방법을 가리지 않고 이기려고 하는 것에 있다. 가장 존경받고 품위와 품격을 유지해야 할 국민의 대표라고 자부하는 국회의원들의 말투나 토론의 모습을 보면 정말 가관이라고 하지 않을 수 없다. 때로는 욕설까지 섞어 말하는데 그런 의원들이 오히려 부각이 되어 다음 선거에서 다시 선출된다는 것은 우리의 수준이 어느 정도로 낮은지 우려될 정도이다.

최근에 많은 사람이 진보니, 보수니, 좌우로 나누어져 대화조차 하지 않으려는 이유 중의 하나가 토론이 아니라 볼썽사나운 말싸움으로 변질하기 때문이 아닐까? 만일에 토론에도 스포츠와 같은 경기 규칙이 있고 그 규칙을 지키면서 상대를 존중하는 예의를 지키면서 대화한다면 그렇게 얼굴을 붉힐 일이 없을 것이다. 오히려 지켜보는 사람들도 몰랐던 사실이나 생각하지 못했던 부분들을 알게 되는 기회가 될 수 있을 것이다. 그러면 스포츠 경기처럼 재미를 느낄 기회가 있을 것이다. 그런데 수단 방법을 가리지 않고 상대방에게 지지 않으려 한다. 그러니 때로는 토론의 주제에서 벗어나 온갖 이야기를 다 끌어들여서 억지 주장하고 서로 언성이 높아지고 결국에는 토론이 아니라 말싸움으로 변질하고 마는 것이다. 이런 토론은 스포츠의 하나인 축구로 말하자면 경기장이 아니라 경기장 바깥으로 나가서 축구공이 아니라 야구공을 던져서 골대에 넣겠다고 하는 것이랑 다를 바가 없다. 결국 지켜보는 사람들이나 막상 토론에 참여하고 있는 사람들 간에 감정만 격해진다. 주제와 관련된 이야기보다도 어떻게든 자신의 논리를 만들다 보니 주제와 무관한 이야기까지 끌어들여 상대를 제압하려고 하게 된다. 결국은 주제에 관한 논리적인 대화는 해 보지도 못하고 감정으로 서로의 기분만 상하게 되니, 다시는 토론을 안 하려 한다. 결국은 서로 간의 대화는 단절되고 마는 것이다. 이런 토론의 방식 때문에 한때는 단체 카톡방마다 정치 얘기는 하지 말라는 얘기들이 많았는데, 사실은 이처럼 어리석은 일도 없을 것이다.

정치는 우리의 미래를 결정하는 중요한 문제인데, 이런 정치와 관련해서 서로의 의견을 나누는 기회를 상실한다면 우리의 미래가 어떻게 되든 상관이 없다는 얘기와 똑같은 것이다. 결국 선거철이 되어서 후보자의 능력과 자질 그리고 공약 등을 검증할 방법도 없이 막연히 내가 지지하는 당의 사람이다. 누구와 가까운 사람이라는 점만으로 우리의 삶과 미래에 영향을 주는 중요한 결정을 쉽게 하게 된다. 결론적으로는 욕설이 되었던 상대방을 비난이나 비평으로 언론이나 방송에서 많이 비추어지거나 이름이 알려진 사람들이 오히려 잘 기억되어 선거에서 당선이 되는 경우가 늘어난다. 그러니 빈곤의 악순환처럼 품위와 품격을 잃으면서도 오히려 자신의 입지를 강하게 하려고 저질스러운 표현을 하는 것이 아닐까?

최근 버스에서 뒷좌석 승객의 불편함은 아랑곳하지 않고 자신의 자리를 완전히 눕히고 편하게 가겠다는 사람과 옆자리에 자신의 짐을 두고 다른 승객이 앉지 못하도록 하는 사례가 있었다.

이런 주장을 하는 사람들도 나름대로는 자신의 주장을 가지고 말을 하지만 결국은 에티켓[33]이 없다고 할 수 있을 것이다. 토론이나 대화에서도 스포츠 경기의 규칙과 같은 나름대로 규칙이 있어야 할 뿐 아니라 반드시 에티켓이 있어야 한다는 점을 명심해야 할 것이다. 에티켓이라는 것은 나를 위해서 남을 희생시키는 것이 아니라 공동의 생활에서 다른 사람에게 불편을 끼치지 않도록 스스로 주의를 하는 것이다. 가끔 스포츠에서도 승리보다는 상대 선수를 배려하는 선수들이 관중의 박수를 더 많이 받는다. 이처럼 나만 괜찮고 좋으면 되는 것이 아니라 공동의 사회에서는 우리라는 조직 전체가 중요하다. 그러니 서로 양보하고 상대방에게 불편을 주지 않는 범위에서 나의 자유가 주어지는 것이고 그것이 에티켓이자 공동의 사회에서 반드시 지켜져야 할 예절일 것이다.

최근에 '개 딸'이라는 특정 정치인을 지지하는 여성 모임의 등장으로 눈길을 끌고 있다. 여성들의 사회참여는 적극적으로 환영해야 할 일이지만 규칙을 지키지 않고 에티켓도 없이 무조건 이기겠다고 생각하는 자체가 위험한 생각이고 결국은 우리 사회 구성원 모두가 피해자로 전락할 수도 있다는 점을 명심해야 할 것이다.

---

33   프랑스어로 상대방을 배려하는 바른 행동을 말함.

한때 아파트 관리 위원회 회장을 맡은 적이 있었는데 여성의 참여가 부쩍 늘어나면서 그들의 영향력도 상당히 늘었다는 것을 느낄 수가 있었다. 한편으로는 자신들의 참여로 인하여 전체의 관점에서 올바르고 바람직한 방향으로 결정되도록 바르게 이끄는 것이 중요하다. 그런데 과정이 어떠하던 결과가 자신들이 원하였던 대로 성취되는 것에 대해서 희열을 느끼는 것이 아닌가 하는 생각이 들었다.

결국 이러한 잘못된 참여는 개인적으로는 자신의 주장이 받아들여졌다는 승리의 기쁨을 느낄지 모르지만, 공동사회의 전체로서는 공동의 선을 위한 이익이 아니다. 개인적인 이해관계에 따라 수단 방법을 가리지 않고 자신의 의견이 수용되는 것에만 관심을 두게 된다. 결국, 경기의 규칙은 없어지고 대화나 소통을 통한 통합이나 바람직한 결정이 아니라, 흑백의 논리가 판을 치게 된다. 좌우의 극단적인 주장만이 강하게 대립하면서 결국 중도나 중립적인 의견을 내세울 수 있는 기회가 주어지지 않는다. 극단적이고 자극적인 표현으로, 비난과 힐난으로 상대의 사회적 가치를 끌어내리는 데만 관심을 가지다 보니 거짓 주장이나 허위의 사실로 상대의 명예를 훼손한다. 결국 그 조직의 전체 품위와 품격은 손상되고 서로서로 믿지 못하는 의심의 눈초리만 커진다. 신뢰는 금 가고 화합은 말뿐이고 어떠한 결정에도 승복하지 못하다 보니, 이의에 이의가 달리고 결국 미래를 위한 발자국을 내딛는 것이 아니라 과거의 사실에 얽매이게 된다. 누가 옳니 그름의 다툼으로 중요한 결정은 하나도 못하고 작은 일에도 다툼은 끊임없이 이어지게 된다. 그 조직의 장을 맡은 사람은 아무리 좋은 마음으로 진심으로 조직을 위해 봉사하겠다는 마음을 갖고 일하겠다고 다짐한들 그러한 진심의 마음을 알아주기는커녕 그런 마음을 악용하여 중요한 결정을 위한 토론의 자리에서 이런저런 그럴싸한 이유를 달면서 반대에 반대를 거듭하게 된다.

개인적인 자리에서는 그런 진심을 갖고 노력하는 조직의 장이 다른 목적이 있다는 등의 사실이 아닌 이야기로 자꾸만 흠만 보게 된다. 처음에는 그런 사실을 믿지 않던 사람들도 반복적인 주장을 반복적으로 듣다가 결국은 자신의 의지와는 다르게 공식적인 자리에서는 표현은 하지 않는다. 그러다 보니 그런 비평적인 의견이 당연한 사실로 받아들여지고, 결국은 이유도 없는 반대에 동조하게 된다. 그 조직은 더 이상 미래를 위한 결정을 하나도 진행하지 못하게 된다. 결국은 내부적인 다툼만 가득하고 그 조직에 소속된 조직원들만 선의의 피해를 보는 일이 생기게 된다. 그런 잘못된 피해를 깨우치는 것은 더 이상의 미래를 위한 일들과 발전은 멈추어지고, 당장 건물 관리와 보수도 지연이 된다. 조직에 소속된 사람들이 불편한 사항이 생겨도 누구도 해결하려고 나서지 않는 상황이 발생하고서야 그제야 결국은 모두가 피해자가 된 사실을 깨우치는 것이다.

그래서 결국에는 공짜 점심은 없는 것처럼 지금 우리가 한 결정에 대해서 누군가는 그 결정으로 인하여 피해를 보는 사람이 발생하게 되고 가장 피해를 보는 사람은 사회의 힘없는 약자들이 되는 것이다.

우리가 대중교통을 이용하면서 좌석을 뒤로 젖히면 뒷좌석의 사람이 불편을 느낀다. 그런데 나는 내가 지급한 대가로 좌석을 이용하는 것이니 뒷사람이야 어떻게 되든 상관하지 않겠다고 생각하는 순간 결국 누군가는 피해를 본다. 누군가가 이에 대해 항의하거나 그 항의가 받아들여지지 않으면 힘의 논리로 폭력이 오갈 수도 있다. 그런 과정에서 결국 힘이 센 사람이 약한 사람에게 강압적으로 자기주장을 할 것이고 그러면 결국 우리 사회의 누군가 즉, 약자는 피해를 볼 것이다. 이런 과정에서 다툼은 끊임없이 일어날 것이다. 사회 구성원 간의 양보가 아니라 서로를 비난하고 자기의 이익만을 주장하는 편협한 사람들이 늘어나면서 결국 우리의 공동사회는 지옥 같은 다툼이 지속되는 그런 곳이 될 것이다.

여러분은 어떤 공동사회를 만들고 싶은 것인가?

지옥을 만들고 싶다면 지금까지 그러했듯이 수단과 방법을 가리지 말고 말싸움에서 이기기만 하면 된다. 그렇지 않고 서로서로 이해하고 양보하면서 웃으면서 살 수 있는 천국 같은 공동의 사회를 만들고 싶다면 지금부터 무조건 이기는 것이 아니라, 경기의 규칙을 알고 지키며 상대를 배려하는 에티켓 즉 공동의 예절을 생활화해야 할 것이다.

남기다

"

다시 보고 싶고, 부르고 싶은 이름으로 남을 수 있도록 하자.

"

여러분은 인생에서 무엇을 남기고 싶은가? 호랑이는 죽어서 가죽을 남기고 사람은 죽어서 이름을 남긴다고 했다. 그런데 참으로 이상한 사회가 되면서 나의 이름을 드러내는 것을 두려워하는 세상이 되었다. 어느 학교에서 전국 경진대회 우수 학생의 사례를 자랑스럽게 현수막을 걸어 칭찬하는데 정작 학생의 이름은 ○○○로 표기된다. 우리가 어쩌다가 이렇게 되었는지 참으로 한심스럽고 이상하게 생각 되지 않은가?

나의 이름을 자랑스럽게 생각하고 부모님께서 지어 주신 나의 이름을 세상에 떨치는 것이 가문의 영광이고 우리 집의 자랑이 되어야 한다. 그런데 언젠가부터 사람들이 개인정보라는 명목으로 자신의 이름을 밝히기를 두려워하는 시대가 되었다. 분명히 자신이 떳떳하지 못하거나 나쁜 짓을 한 사람들은 자신의 이름이 다른 사람들에게 알려지거나 알게 되는 것이 두렵다. 잘못한 사실이 부끄러우니 이름을 안 밝히려는 것이 당연하다. 그런데 다른 사람보다 노력하여 경진대회에서 우수한 성적으로 입상하여 자랑스럽게 내세워야 할 이름마저도 감추어야 한다는 것은 그 자체가 우스꽝스러운 것이 아닌가!

개인정보 보호법이라는 명목으로 자랑스러운 이름이 감추어지는 것이 당연한가? 이점에 대해서는 다 함께 생각해 볼 기회를 가질 필요가 있다. 생각 없는 사람들에게 양계장 닭들에게 가르치듯 '해가 떠 있으면 잘 생각을 하지 말고 계속 알을 놓도록 해.'라고 말한 다음 전등불을 켜 놓으면서 '저게 바로 해니까 잘 생각하지 마!'라고 하면 닭들이 당연히 해로 믿는 것이랑 같은 것이 아닐까? 만일에 사려가 깊은 닭이라면 그런 생각을 하지 않을까? '무슨 웃기는 소리 저것은 전등불이지 어떻게 태양이란 말이야! 나의 신체리듬은 잘 시간을 가리키고 있으니 나는 자야겠고 만일 불을 안 끄겠다면 나는 안대를 하여 불빛을 가리고 자도록 할 거야.'라고 하지 않을까?

우리 대한민국은 자유민주주의이면서 자본주의 체제로 누구든지 자유롭게 사유재산을 소유할 수가 있다. 자본주의의 맹점 중의 하나가 자본을 가진 사람은 자본에 대한 추가 소득을 가질 수 있다. 하지만 자본이 없는 사람은 자신이 소득 활동하지 않으면 소득이 발생하지 않는다. 따라서 소득이 없으면 생계의 위협을 받을 수도 있다. 또한 같은 노력을 하여도 자본을 가진 사람보다도 불리한 입장에 설 수밖에 없다. 그래서 국가는 세금이라는 제도를 이용하여 자본을 가진 사람들로부터 소득의 일정 부분을 환수한다. 이렇게 환수한 세금을 자본을 가지지 못한 사람들이 배분하는 역할을 한다. 이런 국가의 역할로 국민이 국가라는 그늘에서 다 함께 최저의 생활 수준만은 받을 수 있도록 하는 것이다. 그래야만 자본을 가진 사람과 자본을 가지지 못한 사람과의 빈부격차를 줄일 수 있다. 그런 국가의 역할로 다 함께 잘 사는 나라로 나아갈 수가 있는 것이다. 선진국일수록 잘 사는 사람들이 국가의 세금뿐만 아니라 자발적으로 기부 등을 통하여 사회에 공헌하고 있다. 그런 것이 바로 노블레스 오블리주[34]이다. 명예를 중요시하는 사람들은 이런 상위계층으로서 스스로 공동사회의 발전과 함께 잘 사는 사회를 만드는 데 이바지하려고 노력하는 것이다.

이러한 의미에서, 우리가 학생들의 급식 문제로 투표하였을 때 보편적 무

---

34   부와 권력, 명성은 사회에 대한 책임과 의무를 수반한다.

상급식으로 결정되었다는 것은 아직도 우리의 공동사회는 성숙한 사회가 도달하지 않은 것으로 해석될 수 있다.

자본주의 체제에서 모두가 함께 잘 사는 국가로 발전하기 위해서는 보편적인 지원을 해서는 안 된다. 가진 재산과 소득 등을 고려하여 차별적인 지원을 통하여 빈부의 격차를 줄여주어야 한다. 차별적인 지원으로 여유가 있는 국가의 재정은 국민의 경제활동이나 미래의 소득으로 돌아올 수 있는 투자 부문에 활용하여야 한다. 미래의 소득으로 환수될 수 있는 투자 부문에 더 많은 재원을 할애하여 일시적인 지원이 아니라 지속적인 지원이 가능해야 한다.

노블레스 오블리주와 같은 모범적인 삶을 사는 사람들뿐만 아니라, 본인이 희생하면서 남을 위해 헌신한 사람들의 이름을 알리는 것이 명예이다. 그런 명예로운 이름들을 기억하는 것이 바람직한 공동사회를 만드는 것이다. 그런데 개인정보라는 명목으로 이름을 밝히지 못한다면, 누가 자신의 명예를 위하여 공동사회를 위하여 일할 것인가? 그럼 호랑이처럼 가죽을 남겨야 하나, 아니면 계란만 실컷 낳다가 결국은 고기를 남기는 닭이 되어야 한다는 것인가?

어려운 시절을 겪었던 우리의 부모님들은 또다시 그런 가난과 어려움을 자식들에게 대물림하지 않기를 바랐다. 그러했기에 당신들은 한 푼도 아껴 쓰고, 먹는 것 입는 것 모든 것을 아꼈다. 그러면서 한 푼 두 푼 모아서라도 자식들의 앞날을 위해 남기는 것을 평생의 사명으로 생각하고 살아오신 분들이다. 그런 부모님으로부터 고귀한 재산을 물려받아서는 부모님의 은혜에 감사할 줄 모른다. 그뿐만 아니라 모범적인 삶이 아니라 오히려 남들에게 자신의 부를 과시하려 한다. 이러한 옳지 않은 행동들이 빈부격차에 대한 갈등만 조성하고 사회적 문제를 야기하고 있는 것이 아닌가!

세상에서 가장 아름다운 사람들이라고 말한다면 남을 위해 배려를 하는 사람들이 아닐까? 폴란드에서 식당을 운영하고 있을 때 일본인 주부들이 식사하고 화장실을 가는 모습을 보고 감탄한 사례가 있었다. 식당에서 일하는 사람들을 위한 배려도 될 수도 있겠지만, 같이 식사하는 사람들에 대한 배려가 될 수도 있을 것 같다. 한 사람이 화장실의 위치를 묻더니, 화장실을 다녀온 후에는 다음 화장실 가고 싶은 사람에게 화장실을 안내하는 것이 아닌가? 그렇게 계속 이어서 화장실을 가고 싶어 하는 뒷사람에게 배려하는 모습이 너무나 아름다웠다.

모든 사람은 지금의 자리를 떠나게 되어 있다. 인생의 마지막에는 이승에서 저승으로 떠난다. 그 누군가 떠나고 난 뒤, 떠난 사람이 그립고 보고 싶고 그 사람의 이름이 오랫동안 기억된다면 그 사람은 잘 살았다고 표현할 수 있지 않을까? 떠나는 사람이 남길 수 있는 것은 결국 뒤에 오는 사람에 대한 배려와 친절 그리고 희생일 것이다. 내가 힘들더라도 뒤의 사람이 조금이라도 도움이 되었으면 하는 마음, 나의 뒤를 따르는 사람이 쉽고 편하게 나의 길을 따라 올 수 있도록 하는 것이 배려일 것이다. 때로는 소중한 생명을 바쳐서라도 뒤따르는 사람이 안전하게 생을 이어가도록 하는 것은 희생일 것이다. 그런 것이 바로 아름다움이다. 그런 아름다운 모습으로 앞에서 길을 간 사람의 그 아름다운 마음과 명예로운 이름은 오랫동안 기억될 것이다. 그런 사람들이 만든 길을 걷는 사람들은 또 다른 아름다움 길을 만들어 갈 것이다.

기성세대들이여! 우리가 이제 남겨야 할 것을 우리 가족을 위한 재산이 아니다. 잊히는 나의 이름이 될 것이 아니라, 다시 보고 싶고 부르고 싶은 이름으로 남기를 바란다. 우리가 해 보았던 도전의 경험을 후배 세대들에게 남겨서 그들이 미래에는 더 쉽고 빠르게 성장하고 발전할 수 있는 멋지고 아름다운 길을 남기는 것이야말로 세상에서 가장 의미 있는 일일 것이다.

맡기다

여러분이 가장 소중하게 생각하는 것은 무엇인가? 당연히 가족일 것이고, 아마도 그다음이 재산이 아닐까? 그런데 누군가가 당신의 재산을 관리해 주겠다고 하면, 당신은 그 사람에게 아무런 생각을 하지 않고 무조건 맡기지는 않을 것이다. 그 재산을 맡겠다고 하는 사람이 믿을 수 있는 사람인지, 혹시나 나의 재산을 가지고 장난을 치지 않을 것인지 이것저것 알아보고 맡기는 것이 당연하다. 그러지 않고 무턱대고 맡기는 사람이 있다면 우리는 그런 사람을 바보라고 하지 않을까? 이렇게 조심하고 주의해서 재산을 맡길 사람에 대해서 알아보고 나름대로 위험을 피하려 하여도 뜻대로 되지 않을 때도 있다. 즉 사기를 당하는 사례도 발생한다. 또 재산을 맡은 사람이 애초 약속을 지키지 않고 약속하였던 기일에 재산을 반환하지 않을 경우도 발생한다. 그뿐만 아니라 약속을 하였던 이자 등의 과실을 약속과 다르게 주거나 아예 이마저도 주지 않아 원금마저도 잃는 사례도 발생할 경우가 있다.

그런데 약속해 놓고 약속한 내용을 지키지 않는 사람들도 나쁘다. 하지만 그런 사람들과 거래를 한 사람들의 책임은 없다고 할 수 있을까? 우리는 많은 경험을 통해 사기꾼들의 특성이나 약속을 지키지 않는 사람들의 특성을 이미 잘 알고 있다. 그런데 그런 사람들에게 자신의 소중한 재산을 맡기는 사람들의 특징 중의 하나가 통상적으로 받을 수 있는 과실인 이자나 수익보다도 더 많이 주겠다는 달콤함에 속아 넘어가는 것이다. 그래서 약속을 지키지 않거나 거짓말을 하는 사람을 가까이해서는 안 되는 것이다. 이렇게 남을 속이는 사람들은 자신의 이름이나 모습을 드러내지 않으려 한다. 남의 명의의 통장을 만들어 불법적인 돈을 받는 방법을 이용하여 사회적인 문제가 되기도 한다. 그래서 누군가가 돈을 넣어두게 통장을 빌려달라고 하면 불안한 마음부터 들어서 쉽게 통장을 빌려주려는 사람들이 없을 것이다. 즉 "누군가가 나에게 당신의 호주머니를 빌려주세요. 나의 물건을 당신 주머니에 넣었다가 내가 필요할 때 꺼내어 가겠습니다."라고 한다면 동의를 하는 사람들은 얼마나 될까? 아마도 모든 사람은 그런 제안에 동의하지 않을 것이다.

그렇다면 누군가가 당신의 '생각'을 빌려 달라고 하면 당신은 빌려줄 것인가? 빌려주지 않을 것인가? 생각을 빌리는 것이 바로 선동이다. 눈에 보이는 통장, 지갑, 핸드폰, 호주머니 등을 빌려달라는 사람이 있다면 아무도 쉽게 그 사람에게 나의 물건을 맡기지 않을 것이다. 하지만 물질보다도 더 소중하고 중요한 정신을 아무런 생각 없이 맡기는 경우가 많지 않은가? 광우병으로 광화문 광장에서 촛불을 들고 시위에 동참하였던 사람들은 선동된 사람들이다. 즉 생각이 없는 양계장의 닭처럼, '오늘 모이에 약이 들어 있어 먹으면 큰일 난다.'는 어떤 닭의 얘기에 이유도 모르고, 깊이도 없고, 논리적인 사고도 없이 무턱대고 동조를 하는 것이다. 미국산 수입 소고기를 먹으면 내 몸에 무슨 큰 문제라도 생길 것 같은 마음을 가지고 나라도 나서야 하지 않겠느냐는 마음에서 거리로 나섰지만, 시간이 흐른 지금 과연 그것이 옳았던 결정이고 잘한 행동인가? 결국 그때 광화문 거리를 나선 사람들은 선동된 사람 즉 내 생각을 다른 사람에게 확인도 하지 않고 맡겼던 사람들일 뿐이다.

그렇다면 생각을 함부로 맡기지 않으려면 어떻게 해야 할까? 통장을 빌려 달라고 한다면 이유를 확인한다. 이런 것처럼 우리는 생각을 해 보고 논리적으로 맞는 이야기인지 생각해야 한다. 혹시나 말하는 사람이 거짓말을 해서 남을 속인 적은 없는지, 그런 주장의 배경이 무엇이지 등등 생각의 동물인 인간이라면 한 번쯤 생각해 봐야 한다. 그런 주장하는 사람들의 말이 논리적인 어폐가 없는지도 고민해 봐야 한다. 그것이 바로 사고하는 것이며 인간 중에서도 지식이 많은 사람일수록 깊이 있는 사고를 하게 되고 그것을 바로 사려 깊다고 하는 것이다. 그런데 인간이 아닌 동물 즉 양계장 닭이라면 무슨 생각이 필요하고 무슨 논리가 필요하겠는가? 그냥 주는 모이를 먹기에만 급급할 것이다. 밤을 잊도록 켜 놓은 화려한 불빛에도 당연히 낮인 줄 알고 잠을 자지 않고 알만 낳는데 열심일 것이다. 광우병이라는 말도 안 되는 주장에 광화문 거리에 촛불을 들고 나섰던 사람들은 양계장의 불빛을 불빛으로 보지 못하고 한낮의 뜨거운 태양으로 착각하는 사람이다. 그런 사람은 양계장의 닭과 같은 생각을 하는 사람이다. 그렇게 자기 생각을 아무에게나 무턱대고 맡기는 사람이라면 양계장 닭이랑 무엇이 다르다고 할 것인가? 여러분은 통장 등의 물질적인 것에는 신경을 쓰면서 왜 더 소중하고 중요한 당신의 정신은 말 한 마디에 그렇게 쉽게 맡기는가? 그렇게 쉽게 정신을 맡기니 결국 몸은 아무런 저항도 없이 정신이 시키는 대로 광장에서 촛불을 들고 함성을 외치는 사람이 되는 것이다.

　당신은 가지고 있는 신체를 포함하여 지갑, 통장, 핸드폰, 호주머니 등의 물질적인 것이 중요하다고 생각하는가? 아니면 당신의 마음을 통제하는 정신이 중요하다고 생각하는가? 무조건 정신이 중요하지 않을까? 당신의 정신을 가진다면 당신이 가진 물질적인 것까지 모두 다 가질 수가 있다. 그러면 당신의 정신을 함부로 빼앗기거나 맡기지 않으려고 어떤 노력을 하는가? 내가 해 보지 못한 경험을 듣기 위해 다른 사람의 말에 귀를 기울이는가? 간접 경험을 위해 책을 읽는가? 논리적인 사고를 하기 위해 원인을 분석하고 관계를 도출해 본 적이 있는가? 눈에는 보이지 않지만, 작동원리가 어떻게 되는

지 관심을 두고 생각해 본 적이 있는가?

　마이클 샌델의 『정의란 무엇인가』에서는 정의란 우리가 생각하는 그런 단순한 개념이 아니라 나름대로 깊이를 갖고 고민하고 분석하고 생각해도 그것이 과연 옳은 일인지 알기 쉽지 않다고 말한다. 그런데 우리는 누군가의 말 한마디에 결론을 내고 몸은 먼저 움직인다. 때로는 마음은 화로 가득 차 생각하는 대로 이루어져야만 직성이 풀린다. 어쩌면 당신은 말 그대로 '가스라이팅'[35] 당하고 있다. 쉽게 말하면 양계장 닭은 양계장 주인한테 가스라이팅 당하여 양계장이 지상 최대의 낙원이며 양계장의 불빛도 하늘의 태양이라고 믿는다. 수입 소고기를 먹으면 뇌에 구멍이 숭숭 난다는 그 말을 믿은 당신이랑 뭐가 다른가? 그럼 양계장 주인이 되고 싶어 하는 정치인들은 어떤 사람들을 좋아할까? 자기 말이라면 철석같이 믿어주고 따라주는 사람들이 아니겠는가? 그런 사람들을 만들려면 어떻게 하면 될까?

　첫 번째는 사람들 간의 정보를 차단해서 진실이 알려지지 않도록 해야 한다. 두 번째는 사람들을 단순화 시켜야 한다. 생각하는 동물 인간이 아니라 양계장 닭과 같은 동물로 만들어야 한다. 최근 우리 주변에서 일어나는 일들로 우려되는 것이 방송이다. 매일같이 선정적인 내용의 드라마, 먹방, 여행, 예능 등 사람들이 먹고 놀고 여행하는 단순한 내용만 방영한다. 세 번째는 사려 깊은 지식인을 없앤다. 전쟁이 일어나서 적군이 지배하게 되면 제일 먼저 없애는 것이 지식인들, 사회 지도층 인사들, 그리고 최고 경영자와 같은 관리직에서 아랫사람들을 이끄는 사람들이다. 그들은 선동에 잘 안 넘어가기 때문에 거짓 선동에 방해가 되기 때문이다. 네 번째는 선동 매체인 위원회를 만

35　가스등 효과로 상대방의 자주성을 교묘히 무너뜨리는 언행.

든다. 사려 깊은 지식인은 남의 말에 쉽게 동조하지 않지만, 양계장의 닭들은 한 마리가 앞서 뛰어가면 이유도 모르고 따라서 뛰어간다. 선동하는 자들은 그런 심리를 활용하여 위원회라니 선호도 조사라는 매체를 통하여 마음을 정하지 못한 사람들이 따라오도록 선동한다. 그러면서 자신들이 원하는 대로 조작하여 발표한다. 그래서 사실은 선호도라든지 지지도 등의 남의 평가가 중요한 것이 아니다. 옳고 그름에 대한 자신의 가치 기준이나 평가 기준이 중요하다. 다섯 번째는 자신들의 목적을 달성하면 자신들이 했던 내용을 알고 있는 사람들을 숙청이라는 명목으로 제거한다. 앞서 나가던 닭만 제거하면 다시 나서려는 닭들이 잘 생기지 않는 논리와 비슷하다.

그럼 당신의 생각을 가져가려는 사람들의 특징은 어떨까? 첫 번째는 거짓말을 한다. 남을 속이는 사람들의 특징 중의 하나가 거짓말에 능숙하다. 그들은 상황에 따라서 다른 말을 한다. 그래서 공개적인 장소에서 말하는 것은 꺼리는 경향이 있다. 최근 야당의 대표가 기자들의 질문에 묵묵부답인데 우리는 이런 사람들을 조심해야 한다. 두 번째는 내용이 구체적이지 않고 막연하다. 특히 부동산과 관련하여 남을 속이려는 사람들의 특징 중의 하나가 구체적이지 못하면서 뭔가 대단한 것이 곧 이루어질 것처럼 말을 한다. 하지만 구체적인 내용을 물으면 말을 못하는 경우가 많다. 세 번째는 누군가가 질문을 하면 질문에 대한 답변이 아니라 동문서답을 한다. 때로는 질문과 관련 없는 내용을 말하거나 질문에 답변하지 않고 오히려 다른 질문으로 위기를 모면하려고 한다. 네 번째는 과장해서 얘기하는 경우가 많다. 사람들의 관심을 끌기 위해서는 허황하지만 뭔가 대단한 내용이 있는 것처럼 말을 한다. 음모론도 이런 유의 한 가지일 것이다. 대부분 남을 속여서 자기의 이익을 가지려는 사기꾼 같은 사람들의 특징을 잘 알아두면 내 생각이나 마음을 함부로 맡기는 일이 줄어들거나 없어질 것이다.

우리가 함께 사는 이 사회에서는 분명 옳고 바르게 정직하게 생활하는 사람들도 많다. 하지만 알게 모르게 우리의 눈과 귀를 속이고 마음을 빼앗아 자신들의 이익을 위해 당신의 결정을 맡기도록 하려는 사람들이 의외로 많다. 그런 유의 사람 중의 하나가 정치인일 수도 있다. 겉으로는 국민의 복지를 위하는 척하면서 행동한다. 또 인권을 말하며 당신을 위하는 척하기도 하고, 연기인처럼 때로는 눈물을 보이기도 한다. 때에 따라서는 무릎을 꿇고 반성하는 모습을 보여 주기도 한다. 하지만 그들의 실체는 자기 자신이 당선되어 양계장 주인이 되고 싶어 할 따름이다. 양계장 주인이 되어 자기 마음대로 권력을 휘둘러보고 싶어 하는 사람일 수도 있다. 우리는 이점을 명심해야 할 것이다. 우리가 사는 세상이 그렇게 단순하지 않다. 그런데 누군가에 속아서 때로는 불쌍해서 그리고 잘할 것 같아서 당신의 마음을, 생각을, 재산을 때로는 소중한 표를 맡긴다. 그런데 그것으로 인하여 피해를 본다면 당신의 잘못은 없다고 할 수가 있을까? 결국 자신의 결정에 대한 책임은 자신이 져야 하는 것이다. 대부분의 잘못된 결정으로 인한 피해는 잘못된 결정을 한 사람들이 직접적으로 피해를 본다. 하지만 선거와 같은 정치인을 선출하는 결정은 당장에는 피해를 못 느낄 수도 있다. 하지만 나만 아니라 공동사회 전체에 막대한 영향을 미친다. 그런데도 그 심각성을 느끼지 못하는 경우가 있을 수 있지만 결국 우리의 미래 세대들에게 엄청난 영향력을 미친다. 그래서 절대로 그 소중한 표를 함부로 행사해서는 안 되는 것이다.

이렇게 잘못된 개인의 의사결정으로 인해 전체가 망한 사례를 재건축의 경우에서 경험하였다. 한때는 대구에서 유명했던 시장 중의 하나인 성당시장은 74개 점포로 구성이 되어 있다. 부모님께서 고생하셔서 장만하셨고, 오랜 세월 장사해 오시면서 평생 가족들의 생계 수단이 되었던 곳이다. 성당시장은 1970년대에 건설된 오래된 건물로 나쁜 의도를 가진 건설업자들이 시장의 소유자들을 개인적으로 접촉하여 재건축의 동의를 받았다. 나에게도 재건축 동의를 받으러 폴란드까지 찾아왔었다. 그때 느낀 직감으로는 이 멀리 폴란드까지 동의를 받으러 올 정도로 그렇게 중요한 일일까? 왜 전체 소유자들의 모임이나 설명회가 없었을까 하는 의문이 들어 결정을 보류하고 결국 동의서에 도장을 찍지 않았다. 결론적으로 재건축 동의자의 법적 기준 정족수를 넘기고 재건축이 시작되었다. 동의를 한 사람들은 엄청난 기대를 하였다. 하지만 동의한 사람들의 소유권은 건설업자에게로 넘어가고 그 업체는 부도로 사라졌다. 경매로 몇 차례 손바꿈하고 지금까지 시장의 기능을 못 하고 있다. 결국 잘못 판단하여 재건축에 동의한 사람뿐만 아니라 동의하지 않은 사람까지 모두가 소중한 자산을 활용할 수 없는 고통 받는 사람으로 전락하였다. 우리가 우리의 미래를 책임져 줄 정치인을 양계장 주인형으로 잘못 선출한다면 결국 제대로 지도자형에 소중한 표를 던진 사람들마저도 피해자로 전락하여 함께 피해를 볼 수 있다는 것이다.

서울에서 주민자치위원으로 활동할 때 시의원으로 출마를 한 사람이 인사를 하러 왔다. 그런데 자신의 소견이나 정책은 한마디 없었다. 다만 어느 당에서 누구를 수행했다는 말만 하고 갔다. 그런 사람이 당선되는 모습을 보고 정말 놀랐다. 선거를 대하는 우리의 현실이 우려스러웠다. 우리는 많은 경험을 통해 사기꾼들의 특성이나 약속을 지키지 않는 사람들의 특성을 이미 잘 알고 있다. 그런데도 그런 사람들에게 소중한 재산을 맡기는 사람들의 공통적인 특징이 있다.

통상적인 과실인 이자나 수익보다도 조금이라도 더 많이 주겠다는 달콤함에 속아 넘어가는 것이다. 그래서 약속을 지키지 않거나 거짓말을 하는 사람을 가까이해서는 안 된다. 여러분이 가족 다음으로 두 번째로 소중하게 생각하는 재산을 맡기면서도 조심하고 확인하고 물어보고 그러고 난 뒤에 어렵게 맡긴다. 그런데도 많은 사람이 사기를 당하거나 속아서 재산을 잃거나 손해를 보는 경우가 생긴다. 그런데 당신의 가장 소중한 가족 중에서 자녀들의 미래와 국가의 미래를 결정할 정치인들을 선택하는데 당신은 무엇을 알아보고 결정하는가?

사기꾼들이 말하는 것처럼 통상적인 이자나 수익보다 더 큰 이익을 안겨 주겠다는 후보? 복지라는 명목으로 무엇이든지 더 많은 혜택을 주겠다는 후보? 아니면 이것도 저것도 모르겠고 말 잘하는 후보? 왠지 모르게 내가 지지하는 당의 후보? 어떻게 보면 우리가 참으로 어리석은 것이 아닌지 모르겠다. 그냥 말 한마디 따뜻하게 해 주고 인사하고 손잡아 주었다고 아무 생각 없이 그런 사람들에게 소중한 한 표를 던진다. 그러고는 자신의 가장 소중한 가족의 미래가 어떻게 되는지와는 상관이 없다고 생각하는 사람들이 대부분이다. 과연 정치인을 선출하는 투표가 당신의 두 번째 소중한 재산을 맡기는 재산관리인을 선출하는 것이라면 당신은 지금처럼 그렇게 누가 선출되던 상관이 없겠는가? 내가 좋아하고 나에게 무엇이든지 공짜로 많이 주겠다는 정치인이라면, 그 정치인이 살아온 경력과 이력은 상관없이 무조건 표를 주어서 선출하고 당신의 가장 소중한 가족의 미래를 맡길 수가 있을까?

아마 그렇게 맡길 수 있다고 대답할 수 있는 사람은 가족을 소중하게 생각하지 않는 사람이다. 아니면 양계장 닭처럼 세상 물정을 모르고 오로지 닭장 속에 갇혀 생활을 한 사람일 것이다. 주인이 주는 먹이에만 감사할 줄만 알지, 자신이 잠 못 자고 피땀 흘려 만든 계란이 자신이 아니라 양계장 주인과 그 동업자들을 위해 사용되는 줄도 모른다. 그러기에 오늘도 열심히 알을 낳는 양계장의 닭이 된 것을 기뻐할 사람일 것이다. 당신은 어떤 사람에게 당신의 미래와 국가를 맡기고 싶은가?

바뀌다

약자에게 배려와 양보로 기회를 제공하는 문화로 바뀌어야 한다.

우리가 가장 많이 외치는 말 중의 하나가 '바꾸자'일 것이다. 특히 노조의 시위 구호 중에 가장 많은 것이 '바꾸자'로, 때로는 정권을, 때로는 제도를, 때로는 근무조건을, 그런데 그렇게 '바꾸자'라고 외치는 노조의 외침 속에는 자신들의 기득권적인 이익이나 조건을 바꾸자는 얘기는 없다.

　우리의 문제 중의 하나가 그렇게 사회적 약자라고 외치고 있는 노동조합의 가입 구성원들이 과연 진정한 사회적 약자일까라는 의구심이다. 우리가 알고 있는 노동조합이 구성된 언론, 공무원, 교사, 금융기관 등등의 노동조합뿐만 아니라 일부 대기업의 노동조합들이 과연 약자일까? 그런데 그들은 약자라는 탈을 뒤집어쓰고 진정한 약자들의 고단한 삶의 현장을 볼모로 자신의 이익을 관철하려고 하지 않는가? 광화문에 살 때 경험한 일이지만 시위하는 노조원들의 행패나 형태는 참으로 부끄럽고 보기에도 한심스러울 정도였다. 앞쪽에서는 시위로 경찰과 대치하면서 뒤쪽에서는 술판으로 어디 야유회라도 온 것인지 게다가 술판을 벌이고 난 뒷자리는 엉망진창이었다. 그런 그들은 사회적으로 어느 정도 안정이 된 직장을 가지고 있는 사람들이다. 그들이 가로막은 도로의 대중교통인 버스나 지하철에는 하루 벌어 하루 먹고살기에도 급급하며 오늘도 일자리를 향하는 힘없는 시민들이 타고 있다. 그들의 외침을 들어야 하는 광화문 지역의 시민 중에는 자영업을 통해 먹고사는 문제를 해결하는 사람일 수도 있다. 어떤 이들은 겨우 주중의 일을 끝내고 주말을 맞이하여 휴식을 취하려 하는 일반 소시민들일 수도 있다. 그런 곳에서 노조는 단체 조직의 힘으로 자신들만의 이익을 관철하고자 한다. 이제는 노조들의 외침인 '바꾸자'가 제발 '바뀌자'로 변해야 하지 않을까?

최근에는 민주노총의 전ㆍ현직 간부 2명이 중국에서 북한 공작원과 접선해 지령받은 간첩 혐의로 기소되었다. 이런 일이 처음이 아니다. 이미 민노총의 조직원들이 간첩행위로 법정에서 중형을 선고받은 일이 여러 차례 있지 않은가? 대한민국의 정부 지원받는 단체가 국가에 반하는 행동을 하고 있다. 그러면서 시위와 파업을 주도하고 있다. 그들의 바꾸자는 주장이 행여 국민이나 국가를 위한 것이 아니라 대한민국의 자유민주주의 체제를 바꾸겠다는 의도가 아닌가? 그들의 바꾸자는 주장에 대하여 아무리 민주노총에 가입된 노조원이라 하더라도 무조건의 지시에 따라서는 안 될 것이다. 아무런 생각 없이 길거리로 나서는, 양계장의 닭과 같은 생각 없는 존재가 되어서는 안 된다. 자신이 하는 일이 과연 국가와 국민의 삶을 위해 올바른 일인지를 곰곰이 생각해 봐야 한다. 그러고 옳지 않은 일이라 생각된다면 무조건 참여를 할 것이 아니다. 올바르지 못한 지시나 파업 참여 강요에 대하여, 당당히 자신의 올바른 생각에 대한 의견을 제시해야 할 것이다.

최근 우려되는 사항이 정치인들의 노조들에 대한 지원이다. 노조의 시위에는 사회질서를 유지하고 시민을 보호해야 하는 공권력인 경찰마저도 함부로 대응을 못하고 있다. 민주주의 국가에서 있을 수 없는 일들이 벌어지고 있다. 노조의 시위에 등장하는 불법 스피커를 설치한 차량에는 ○○ 노총이라는 스티커를 크게 붙이고는 마치 무슨 벼슬을 한 것처럼 아무 곳이나 주차한다. 그래도 그런 노조들을 겁내서 단속을 꺼리는 경찰관들을 보고 있으면 뭔가 잘못되어도 한참 잘못된 것이 아닌가 싶다. 민주주의 원칙 중에 대한민국 국민은 모두가 평등하다고 했다. 그럼 노조들의 시위나 파업으로 인하여 피해를 보는 사람들은 그 시위 당사자들이 당연히 배상해야 하는 것이 아닌가? 그래야만 일반 소시민의 피해를 최소화할 수가 있는 것이다.

독일의 베를린역에서 시위하는 일행을 만났다. 하지만 역과 정류장을 통행하는 사람들에게는 아무런 방해가 되지 않았다. 정해진 공간에서 구호를 외치고 그 구호마저도 육성으로만 가능하였다. 우리처럼 엄청난 스피커를 동원해서 내 목소리를 들으라고 강요하지 않았다. 정해진 구역을 이탈할 시에는 바로 무장 경찰들에게 제압당하여 강제 연행되었다. 비록 베를린 시민은 아니지만 통행하는 여행자에게는 아무런 위협이나 부담감이 없었다. 언제부터 시작된 시위인데 하루가 멀다고 주말이면 빠짐없이 시위가 지속되고 있다. 그 얼마나 많은 사회적 비용과 국력의 낭비인지 이제라도 우리가 다시 깨우치고 바꾸자를 외칠 것이 아니라 우리 스스로가 바뀌기를 간절히 바란다.

지금까지 우리의 문제 중의 하나가 기득권을 가진 사람이나 기성세대들이 자신들은 바뀌지 않으면서도 '바꾸자'라고만 열심히 외치고 있다. 결국 자신들은 기득권을 지키거나 기성세대로서 대접받고 싶어 한다. 그러면서 공동사회를 위해 당연히 해야 할 양보나 솔선수범의 모습을 보이지 않는 모순을 보인다. 이런 결과로 차별이 심화하고 더 이상 발전의 기회가 주어지지 않는 미래세대나, 기회가 주어지지 않아 미래의 희망을 품지 못하는 약자들의 불만이 커진다. 그리고 우리 사회의 양극화가 심화하고 있다. 이러한 양극화를 해소하면서 더 밝은 희망의 국가로 발전하기 위해서라도 기득권을 가진 사람들이 바꾸자가 아니라 스스로 바뀌어 양보하고 배려하여 약자에 대한 기회 제공을 위해 노력해야 할 것이다. 기성세대들은 단순히 나이 많은 연장자로서 대우받기를 바랄 것이 아니라 품위와 품격을 갖추고 누구나 존경하는 지식과 예절을 바탕으로 사회질서를 지키면서 다음 세대에 모범적인 모습을 통하여 잘못이나 불의에 대하여 당당히 꾸짖고 우리의 공동사회가 올바르게 나아갈 수 있는 길로 이끌어 나갈 수 있도록 바꿔자.

만들다

> **"**
> 우리 사회의 갈등과 암울한 상황을 만든 이들은
> 다름 아닌 우리 국민들이다.
> **"**

을사년 뱀띠 해를 맞은 기분이 마치 힘에 억눌려 강제로 을사조약을 체결하였던 120년 전의 암울함과 답답함이 공감된다. 그 당시 힘없는 조선 백성들의 심정처럼 왠지 모르게 미래에 대한 불안과 끝없는 대치로 이어지는 현재 상황이 암울하기만 하다. 그때도 그랬던 것이 당파 싸움으로, 같은 사실을 놓고도 서로가 다른 주장을 하였다. 백성을 위한 정치가 아니라 권력을 잡기 위한 끝없는 투쟁의 연속으로 외국 세력에 빌미를 제공하게 된 것이다. 바람 앞의 등잔불처럼 이리 흔들리고 저리 흔들리고 결국은 나라 잃는 서러움을 경험하였다. 이런 당파 싸움과 같은 극단의 정치 상황을 맞이한다는 것은 과연 누구의 잘못이며 누가 이런 상황을 만들었을까? 여러분의 생각이 궁금하다.

그동안 우리는 단일 한민족을 강조해 왔고 어느 나라보다도 우리를 강조해 왔었다. 대한민국의 지정학적인 중요성 때문이라도 주변 강대국을 견제하기 위해서라도 우리는 하나가 되어야 했다. 조그만 나라의 백성들은 하나로 일치단결하지 않으면 언제 또다시 주변 강대국의 간섭이나 지배받을 위험이 있다. 그래서 우리는 우리 스스로가 일치단결하기 위해서라도 한민족을 강조하고 우리를 소중하게 생각하였기에 우리는 모든 것에 우리라는 표현으로 똘똘 뭉치려 한 것이 아닐까?

그런데 언제부터인가 우리의 정치인들은 우리라는 표현 대신에 세상에서 가장 중요한 것은 너의 인생이니, 한번 사는 세상 너하고 싶은 대로 마음대로 살고, 땀 흘려 고생하고 노력할 필요도 경쟁해서 쟁취할 필요도 없다며 '욜로'를 강조하기도 하였다. 남과 여를 나누어 서로가 갈등하게 하고 지역색을 들추어 서로를 비난하게 하였다. 옳고 그름이 아니라 자신의 지지하는 정치 그룹이 아니라면 무조건 반대와 비평 비난을 일삼았다. 보통의 시민들이 들어도 부끄럽고 품위가 떨어지는 원색적인 표현에 욕설까지 섞어서 상대를 힐난하고 끌어내리려는 시도가 계속되었다. 예전에는 볼 수 없었던 광화문의 시위는 하루도 빠짐없이 여당과 야당, 보수와 진보 때로는 세월호를 비롯한 사고 희생자의 추모, 노조들의 시위, 그런데 이런 당파 싸움과 같은 균열이 지속되고 있다. 정치인들은 이를 봉합하고 화합하도록 국민을 이끄는 것이 아니라 자신들의 이익을 위해 국민을 선동하고 더욱 부추기는 일들만 더 하고 있다. 아무리 정치인들이 나쁜 의도로 그런 분위기를 조장하거나 선동한다고 하더라도 국민이 올바르고 사려 깊은 생각을 하고 있다면 파도에 모래알 휩쓸리듯이 절대 선동당지는 않을 것이다. 그리고 무작정 촛불을 들고 거리로 나서지 않았을 것이다. 얼마나 우리 국민이 어리석고 생각이 얕은지 광우병에 걸린 소고기를 먹으면 뇌에 구멍이 숭숭 난다는 말을 믿었다. 그 말에 촛불을 들고 어린애들을 데리고 유모차까지 끌고 나와 시위에 참여하였던 사람들이 얼마나 많았던가?

게다가 전문가라고 자처하던 대학의 교수와 언론인들까지 침을 튀기며 광우병이 인간에게 옮겨 간다며 뭔가 큰일이라도 일어날 것처럼 선동하였다. 과연 그렇게 광우병의 위험을 주장하였던 사람들이 지금은 무슨 생각을 하고 있는지 모르겠다. 그런 막대한 사회적 비용을 지불하는 사건을 일으킨 정치인, 언론인, 전문가라고 자처하였던 사람들이 누구 하나 제대로 사과하고 자신들의 잘못에 대한 책임을 진 사람이 있는가? 아니, 이러한 선동으로 사실이 아닌 내용을 갖고 이렇게 광화문에 촛불을 들고 시위에 참여하는 사례가 어찌 이뿐인가?

그럼 이 모든 것이 누구의 잘못이고 누가 이렇게 만든 것인가?

우리 속담에 "바늘 도둑이 소도둑 된다."는 말이 있다. 이 말은 작은 일을 잘못했을 때 제대로 잘못에 대해 반성하고 그 잘못에 대한 확실한 책임을 물었다면 이런 일들이 재차 발생하지 않는다는 것이다. 우리는 어찌 되었는지 반성과 책임을 지는 사람이 없다. 그러니 결국은 또 다른 괴담에 선동으로 사회적 혼란과 함께 막대한 비용을 지출한다. 그러면서 누군가는 그런 거짓말로 더 큰 피눈물을 흘리고 결국에는 우리가 모두 피해자가 되어 버렸다. 양치기 소년의 거짓말로 인하여 늑대에게 물려 죽을 때 다른 사람의 도움을 받을 수 없는 상황으로 양치기 소년 자신이 만들었다. 결국에는 양치기 소년 자신이 가장 큰 피해자가 되었지만, 주인만 잘 만났다면 평화롭게 풀을 뜯어 먹었을 양들도 죽게 된 것이 아닌가.

양치기 소년처럼 우리는 반복적으로 거짓말에 선동되어 거리에 나서서 촛불을 들고 시위하였다. 그런 시위로 우리의 조국 대한민국이 양치기 소년이 되어 세계로부터 신임은 사라질 수도 있다. 진정으로 도움이 필요할 때는 도움을 받지 못하는 신세로 전락하게 될 것이다. 결과적으로 국가 미래 발전과 미래 세대들에게 도움이 되는 일에 투자하여야 할 막대한 예산을 엉뚱한 곳에 낭비하면서 국민 간의 갈등만을 심화시키고 있다. 그러면서도 사과하거나 책임지지 않는 정치인들과 일부 언론인들은 끊임없이 또 다른 음모론에 음모론을 증폭시키고 있다. 결국은 영원히 풀 수 없는 문제만을 제기하고 있다. 서로서로 믿지 못하고 마음과 마음이 통하지 않으니 소통 자체도 하지 않는 그런 문화를 만들고 있는 것이다. 이게 우리의 지금 현실이고 안타깝고 암울하기만 한 현재 상황이다.

그럼 누가 이런 암울한 상황을 만든 것일까?

정치인, 언론인 아니면 전문가라고 자칭하는 작자들? 결국 우리 국민의 수준이 이렇게 만들었다고 본다. 정치인들의 근본은 바른 정치를 통하여 국민의 삶이 향상되는 데 이바지하여야 한다. 하지만 본인의 당선을 위해서는 수단 방법을 가리지 않고 더 많은 표를 받기 위해 노력할 것이다. 주권을 가지고 그런 수단 방법을 가리지 않고 선동하거나 거짓말을 하거나 품격이나 품위를 갖추지 못한 정치인들을 선별할 수 있는 능력이 있는 국민이라면 우리가 그렇게 선동될 리도 없다. 결국 그렇게 선동하는 정치인들은 설 자리가 없으니 절대로 그런 허황하고 음모 같은 이야기로 선동도 하지 않을 것이다. 오히려 국민의 지식수준이나 국민의 품격과 품위에 맞추려고 노력을 할 것이다. 지금은 막말이나 욕설하는 정치인들에게 더 환호하고 더 갈채를 보내는 지지자들이 더 많다. 이러니 당연히 정치인들이 거짓으로라도 선동의 대열에 앞서는 것이 아니겠는가?

한때 사이다 발언한다고 지금의 야당 대표가 인기를 끌던 시절이 있었다. 이 또한 얼마나 국민의 수준이 낮으면 그런 자극적인 말에 환호하고 좋아하는 것인지 우리가 분명히 반성해야 할 것이다. 모두가 다 잘 알고 있듯이 사이다와 같은 청량음료는 마실 때 그 상쾌함은 있지만 구강건강에 안 좋다든지, 과다한 당류의 섭취로 반드시 부작용이 따르니 많은 사람이 건강을 생각하여 사이다와 같은 청량음료를 마시기를 거부한다. 물론 생각 없이 이 순간만 좋으면 미래는 상관없으니 그래도 청량음료를 마시겠다는 사람들도 있다. 바로 이처럼 건강을 생각하여 이 순간의 상쾌함과 청량감보다는 내일의 내 몸을 더 생각하는 사람은 사려 깊은 사람이다. 반면에 몸이야 어찌 되었든 그저 지금, 이 순간의 상쾌함과 청량감에 기분 좋다는 사람은 감성적인 감각을 가진 사람일 것이다. 이런 부류의 사람들은 정치인들의 남을 비난하고 힐난하는 자극적이고 품위 없는 말들을 듣고 기분 좋아할 것이다. 그런 말들을 사이다 발언이라고 좋아하는 사람들이야말로, 품위와 품격은 없고 깊이 없는 생각으로 미래에 일어날 수 있는 상황에는 전혀 관심이 없다. 당장 이 순간만의 감정적인 쾌락만 추구하는 국민이 아니겠는가?

만일 이렇게 쾌락만을 추구하는 국민이 다수를 차지하고 있다면 유권자의 선택을 바라는 정치인은 계속해서 사이다 발언으로 상대의 비난에 더욱 치중할 것이다. 반면에 품위와 품격을 갖춘 국민이 다수라면 사이다 발언하는 정치인들은 무대에서 사라질 것이다.

결국 우리 사회의 갈등과 암울한 상황을 만든 이들은 다름 아닌 우리 국민 자신들이다. 제발 이제는 양계장에 갇힌 닭들의 수준에서 벗어나기를 바란다.

말하다

"

이중적인 태도가 아닌 당당하고 사려 깊은
미래의 주인공이 되기 바란다.

"

미래세대 주인공인 젊은이들에게 말하고 싶다. 언젠가 헬 코리아라는 말이 유행하는가 하더니 대한민국의 국민임을 자랑스럽다고 말하니 '국뽕'[36]이라는 말을 하는 이가 있었다. '정말로 기이하고 이상한 생각을 하는구나!'라는 느낌이 있어 기회가 되면 꼭 말하고 싶었다.

어쩌면 이중적인 생각을 하거나 자기 생각은 그러하지 않지만 의도하지 않게 다른 사람들의 분위기에 휩싸여 이런 얘기를 하는 사람들도 있을 것이다. 마음과 생각은 그러하지 않지만, 분위기에 휩쓸려 이런 말을 하는 젊은이가 있다면, 지금이라도 대한민국 국민이 된 것과 내 조국 대한민국이 자랑스럽다고 당당하고 자신 있게 말하기를 바란다.

헬 코리아라고 주장하는 젊은이들은 어디에서나 쉽게 만날 수 있는 외국인들을 만나 이야기를 나누어 본 적이 있는가? 그들은 왜 한국을 여행하려 하고 왜 한국에서 일하려고 할까? 누군가가 무료로 여행의 기회를 제공했기 때문에? 자신들의 조국에서 일하는 것보다 더 많은 돈을 벌 수가 있기 때문에? 아무리 무료로 여행의 기회를 준다고 하더라도 만일에 젊은이들이 말하는 것처럼 대한민국이 지옥과 같은 곳이라면 과연 여행을 오고 싶어 하겠는가? 가족을 이역 만리 조국에 두고 한국에서 일하거나, 일하고 싶어 하는 사람들이

---

36 국가에 대한 맹목적인 자부심이나 환상에 도취 된 행태를 비꼬는 인터넷 신조어

당신에게 조국을 바꾸자고 하면 기꺼이 바꿀 의향은 있는가? 아마도 그럴 생각이 전혀 없을 것이다. 그런데 왜 이렇게 스스로 신세를 한탄하거나 자신의 조국을 비하하는 것일까?

본인은 노력하지 않고 하고 싶거나 얻고 싶은 것은 많고 그런 것을 모두 다 국가가 해 주기를 바라는 마음에서 그런 것이 아닌가? 그런데 자신이 원하는 것을 가지려고 경쟁하고 많은 땀을 흘리고 본인이 노력해야 한다. 그렇게 땀 흘려 노력하는 것은 싫고 경쟁은 두려우니 경쟁을 하는 제도 자체를 비난하는 것은 아닌가? 그저 노력 없이 가만히 있어도 내가 원하는 것, 내가 바라는 것을 다 이룰 수 있는 나라가 아니라서 그렇게 헬 조선이라는 말을 사용하는 것은 아닌가? 전 세계 어느 곳에서도 그런 나라는 없을 것이고, "공짜 점심은 없다"고 하듯이 양계장 닭들에게 모이를 공짜로 주는 것 같지만 절대로 공짜가 아니라 더 큰 착취가 기다린다는 것을 명심해야 할 것이다.

우리는 일제의 지배하에서 해방이 되면서 곧 전쟁의 소용돌이 속에서 모든 것이 폐허가 되고 잿더미가 된 최악의 환경에서 오늘의 세계 10위권의 경제 대국이 되었다. 그런 대한민국을 세계의 모든 국가가 부러워하고 우리를 배우고자 하는데 왜 그런지 우리 스스로 우리를 비하하고 피땀 흘려 이렇게 훌륭한 국가를 만들어 주신 지도자를 욕하는 것은 무엇인가 잘못된 것이다. 이런 점에 있어서 진심으로 대한민국을 헬 조선으로 생각하는 사람이 있다면, 이주의 자유가 있으니 지금이라도 더 이상 대한민국 국민으로 남을 것이 아니라 원하는 나라로 이주를 하기를 바란다.

젊은이들에게 또 하나 말하고 싶은 것이 있다면 왜 그렇게 이중성을 가지는지 모르겠다는 것이다. 아니 지금이 어느 시대인데 아직도 북한을 추종하고 하는 대학생 단체가 있다니, 대진연(한국 대학생 진보연합)이라는 단체가 그동안 저지른 테러와 같은 행위들로 자유대한민국을 찾아온 태영호 전 국회의원 등을 협박하고 우리의 우방인 미국 대사관저에 무단 진입하는 등의 수많은 시위와 불법행위를 하고 있다. 평화의 시대인 지금에도 이런 불법행위와 테러와 같은 시위를 자행하고 있는데 만일에 전쟁이나 사회 혼란의 시기가 온다면 도대체 그들이 어떤 짓을 저지를지도 모르는 일이 아닌가?

그들의 주장처럼 북한의 체제가 옳고 좋다면 북한의 주민들이 우리보다 행복하게 잘 살고 있다고 생각하는 모양이다. 이런 자들은 더 이상 자유대한민국이 아니라 북한에서 영원히 살도록 북한으로 추방하는 법을 만드는 것도 생각해 볼 때이다. 최근에도 밝혀진 간첩 사건 등에서 보듯이 우리 사회 곳곳에 아직도 북한의 체제를 숭배하고 북한을 위해 사회불안을 조성하거나 이적행위를 하는 자들이 암약하고 있다. 참으로 우려되고 앞으로 무슨 일이 일어날지 모르는 일이다. 지금이라도 제대로 대비하고 이적행위를 하거나 북한을 추종하는 자들은 그들이 그렇게 좋다고 숭배하는 북한으로 보내는 방안이 실현된다면, 북한을 추종하고 북한을 위해 조국인 대한민국에서 이적행위를 하는 자들이 더 이상 생기지 않을 것이라는 생각이 든다.

젊은이들의 또 다른 이중성은 반일 주의 사상이라고 할 것이다. 일본이 우리나라를 지배한 것을 사실이고 그것은 잘못된 것이 분명하다. 그런데 그렇게 일본의 지배를 받게 된 원인에 대해서나 그런 원통한 일이 다시는 발생하지 않도록 어떠한 노력을 해야 한다는 생각은 전혀 하지 않고 있다. 그러면서 벌써 100년이 지난 일을 들추기며, 그때의 상황도 정확히 모르면서 지금의 잣대로 친일주의자들이라며 우리의 선조들을 욕보이고 있다. 그들 또한 힘없는 조선 백성의 한 사람으로서 그 시대 상황에서 살기 위해 몸부림치며 살아왔던 피해자들임이 분명하다. 그런데 친일이라고 몰아세우고 있다. 그런 주장하는 많은 젊은이 중에도 일본 여행을 가거나 또 가고 싶어 하는 사람들이 분명히 있을 것이다.

대형마트에 갈 때마다 쓴웃음이 절로 나는 것이 한때 반일 운동을 한다며 일본 제품 불매운동을 하던 시절에 마트에서 소고기 중에서도 프리미엄급인 소고기를 '와규[37]'라며 버젓이 팔았다. 그런데 누구 하나 이의를 제기하는 사람 없었다. 그 많은 언론도 지적하는 경우를 보지 못했다. 이것은 우리의 지식수준이 부족해서 와규가 무슨 말인지도 모르고 사용할 수도 있을 것이다. 아니면 알면서도 정말 일본의 소고기가 우리의 소고기보다 품질이 우수하다고 은연중에 인정하기 때문인가? 이 얼마나 한심하고 우스운 일인가? 그러면서 반일이라며 유행처럼 일본 제품 불매운동을 따라 하던 사람들의 모습이 우스꽝스럽기도 했었다. 그때 그렇게 반일을 주장했던 사람들의 지금 생각은 어떤지 묻고 싶어질 뿐이다.

한때 젊은이들이 가장 입사하고 싶어 하는 직장으로 치면 단연코 삼성전자가 1위를 차지하던 시절이 있었다. 그런데 수많은 젊은이가 삼성전자를 비롯한 대기업 욕을 하면서 왜 그렇게 그런 대기업에 입사하고 싶어 하는지 이런 게 다 이중성이 아닌가? 기업뿐만 아니라 대진연과 같이 반미 성향의 조직들과 반미주의자도 많다. 한때 반미운동으로 민주화 유공자라는 사람들의 자녀들이 미국에서 공부하고 있다는 사실은 이율배반적으로 우리 국민의 이중성을 보여주는 것이다. 그런데도 누구 하나 이런 점에 대해 항의하거나 이의를 제기하는 젊은이가 없다. 이런 점도 참 이상한 것이 아닌가? 결국 우리는 겉으로 표현하는 것과 마음에 품고 있는 생각과 다른 이중성을 가지고 있는 것

---

37 일본어로 '일본소'를 뜻하며, 일본에서 키우는 소고기의 총칭.

이 아닌지 이 시점에 다시 논의해 보아야 할 것이다.

　마지막으로 젊은이들에게 말하고 싶은 것은 생각의 깊이를 가진 사려 깊은 사람이 되었으면 하는 바람이다. 우리가 세월호를 비롯하고 사고로 돌아가신 분들을 조문하고 그 가족들을 위로하는 것은 당연하고 바람직하다고 생각한다. 하지만 죽음에도 나름의 가치가 있지 않은가? 단지 어린 나이에 사고로 목숨을 잃었다고 또 한꺼번에 많은 사람이 죽었다고 그 사람들은 다른 사고로 돌아가신 분들과 또 다른 특별한 대우와 혜택을 받는다면 그것이 옳은 것인지 젊은이들의 솔직한 이야기를 듣고 싶다. 세상에 하나밖에 없는 목숨을 잃는다는 것은 그것보다 더 안타깝고 슬픈 일은 없다. 하지만 그 죽음이 어떤 일을 하다가 죽었냐도 더욱 중요한 것이 아닐까? 그 많은 젊은이가 세월호의 희생자들을 조문하고 광화문에 그 오랜 세월 동안 기억 공간이라고 만들어 희생자들을 추모했었다. 그것도 부족하여 희생자들을 기억하자며 노란 리본을 만들어 달고 다니던 사람들에게 물어보고 싶다. 당신은 대한민국을 공산당의 침입으로부터 자유를 수호하기 위해 자신의 생명을 바친 국군 장병이나 이름도 모르는 대한민국의 산과 들, 그리고 강과 바다에서 그렇게 소중한 목숨을 바친 유엔군에 대한 조문이나 그 가족들을 위로해 본 적은 있는가?

　지금이라도 무엇이 옳은 것이고 무엇이 잘못된 것인지 조용히 눈을 감고 생각해 보자. 만일에 당신의 가족 중에 누군가가 천안함의 희생 장병이라면 세월호의 희생자를 안타까워하면서 조문하는 사람들이 얼마나 원망스럽고 자신의 소중한 가족의 죽음이 얼마나 무의미하게 느껴질 것인가? 당신의 해왔던 그런 행동이 과연 옳다고 생각하며 또다시 그런 일이 있다고 해도 또 그렇게 행동할 것인가? 세월호와 관련하여 그렇게 소동을 벌이고 결국은 국가의 최고 책임자인 대통령마저도 그 일로 인하여 탄핵당하였다. 그것이 과연 옳고 정당한 과정이라고 생각하는가? 지금의 야당 대표는 세월호에 대한 책임을 지고 대통령이 물러나야 한다고 광화문 광장에서 단식투쟁하던 모습을 두 눈으로 똑똑히 보았다. 지금도 그 모습을 생생히 기억한다. 지금도 그런 주장에 동의하는가? 비문명의 시대였던 군주 국가에서는 모든 일에 대한 책임을 왕이 져야 했다. 하지만 지금이 어떤 시대인데 여행을 가는 학생들을 태운 여객선이 침몰했다고, 그래서 많은 학생이 희생되었다고 대통령이 책임져야 한다는 주장 자체가 황당한 이야기가 아닌가? 세상에 사고가 나기를 바라거나 뭔가 잘못되기를 바라는 사람은 없을 것이다. 만약에 있다면 그 사람은 나쁜 사람임에 분명할 것이다.

그런데 사고가 났다고 사고가 나서 사람이 죽었다고 기업의 대표가 책임지고 한나라의 최고 책임자인 대통령이 책임을 져야 한다고 한다. 그럼 현장의 책임자에게 왜 책임을 위임하는 것인지? 모든 일을 최고의 결정 권한을 가진 사람이 책임을 질 수는 없다는 것은 당연한 것이 아닌가? 때로는 원하지 않은 안타까운 사고가 발생하는 것은 사람의 인력으로 어찌할 수 없다. 이 세상의 모든 결정과 책임을 최고 결정권자가 할 수가 없다. 그래서 권한과 책임을 위임하는 것이 사회 구조상 당연하다. 그런데 무조건 사망사고가 나면 최고 결정권자인 회사의 대표가 책임을 져야 한다. 그럼 아무도 원하지 않은 산불이 나서 사람이 죽었다면 나라의 최고 결정권자인 대통령이 책임을 져야 하는 것인가? 왜 그런 부분은 아무도 말을 하지 않는가?

감성적인 얕은 생각을 가진 젊은이들이 다수를 차지하는 구조라면 이런 정치인들의 주장에 동참할 것이다. 그러면서 본인들은 국가와 우리 사회를 위해서 중요한 일에 동참하고 나름대로 의미 있는 일을 했다고 자부할 것이다. 하지만 그런 감성적인 행동이 결론적으로는 누군가에게 선동당하여 생각과 몸이 이용당한 것과 무엇이 다르겠는가?

지금도 기억하지만, 세월호 사건은 단순한 사고가 아니라 누군가의 음모에 의해서 만들어진 사건이라고 주장하는 사람들이 있었다. 결국 침몰한 배를 인양하면서 막대한 국력을 낭비하였다. 세월호 조사 위원회라는 조직을 만들어 필요도 없는 큰 비용을 사용하였다. 하지만 그 결과로 얻어진 것이 무엇인가? 정말 안타깝게 생각한다. 만약에 세월호 희생자들을 추모하며 조문하였던 젊은이들이 깊이 있는 생각으로 사리 분별을 제대로 하였다면, 아마도 그런 음모론도 통하지 않았을 것이다. 오히려 세월호의 희생자보다는 나라를 지키거나 국민의 안전을 위해 희생된 군인, 경찰, 소방관 등 그런 분들과 그분들의 가족들을 더 위로하고 한 번쯤은 국립묘지, 유엔군 묘지 또는 충혼탑을 방문하지 않았을까?

세월호뿐만 아니라 우리는 광우병을 비롯하여 얼마나 많은 괴담에 거리에 나서서 그 괴담이 사실인 양 동조하고 때로는 촛불을 들고 거리를 행진하지 않았던가? 우리의 많은 젊은이가 생각의 깊이가 있어 사려가 깊었다면 과연 그렇게 괴담에 속아서 그렇게 거리로 나섰을까?

지금이라도 우리가 잘못된 것은 반성하고 앞으로는 생각의 깊이를 키워나가 남에게 쉽게 선동되거나 생각과 마음이 쉽게 빼앗기지 않는 자존감 강한 존재로 거듭나 우리 대한민국의 미래를 밝혀 주기를 간절히 바랄 뿐이다.

똑같다

세상의 이치와 개인들의 삶은 똑같다. 그런데 똑같아야만 세상의 이치를 우리는 내가 옹호하고 있는 사람과 그렇지 않은 사람에게 너무 다른 대우를 하고 있지 않은가? 우리가 선출한 국가의 최고의 선출직인 대통령을 체포하겠다는 생각부터 우습지 않은가?

이 얼마나 우스꽝스러우며 게다가 노동조합원이 나서고 농민단체가 나서서 트랙터를 앞세워 대통령 탄핵에 체포까지 주장하다니 도대체 노동조합이 정치와 무슨 연관이 있다는 말인가? 노동조합은 말 그대로 노동자의 권익을 위해 결성된 단체이고, 농민단체는 농민들을 위한 권익을 위해 앞장서겠다고 결성된 단체인데 정치 이슈마다 앞장서서 깃발을 들고 머리띠를 두르고 거리로 뛰쳐나와 시위한다. 그런데 그들의 주장이 보수진영의 의견에 따라 진보진영의 잘못에 대해 한 번이라도 문제를 제기하고 지금처럼 거리로 뛰쳐나온 적이 있는가?

지금까지 북한을 옹호하는 발언을 하고 진보 진영을 지지한다며 일방적이고 편파적인 지지만 해 왔던 것이 아닌가? 노동자의 권익과 농민의 이익을 내세운 단체들이 지금까지 정치적 이슈에 꼭 등장하여 힘의 논리로 거리의 무법자처럼 공공 안녕을 위해 질서유지를 하는 공권력을 오히려 짓밟고 멋대로 법을 위반한다. 그런데도 그들의 세력을 오히려 정치적으로 이용해 자기 진영으로 끌어들이려는 정치인들의 얄팍한 술수에 결국 공권력만 놀아난다.

정작 원인 제공한 노조의 과격 시위대나 민주를 외치며 테러와 같은 점거 시위에 화염병을 투척하고 동료 학생을 고문하고 죽음에 이르게 한 이들이 민주투사라는 이름으로 국가 유공자가 되었다. 그런 그들의 가족들은 공무원이 될 때 가산점까지 받는 특혜를 누리고 있다. 반면에 국가를 지키는 군인으로서, 공공질서를 유지하는 경찰관으로서 맡은 바 임무에 충실하고 선량한 시민들을 지키고자 이런 노조와 민주투사라는 미명의 과격 시위자들을 목숨 걸고 막아섰던 경찰관들이 오히려 처벌받는 이상한 나라가 되어가고 있다. 이러한 잘못된 일들을 지금까지 여러분 두 눈으로 똑똑히 보고 있다. 하지만 어느 언론 하나가 이런 노조의 행태나 농민단체의 행패에 대해 토를 달거나 반론을 제기하지 않는 작금의 현실이 오히려 이상하지 않은가?

국민 개개인 모두의 삶이 중요하고 노동조합에 가입하지 않은 국민과 시민이 더 많을 것이다. 대통령을 체포하겠다고 거리로 나서는 노조원들의 모습이 전 세계로 방영되는 모습을 지켜보는 전 세계의 기업인들은 도대체 무슨 생각을 할 것인가? 분명히 대한민국이라는 나라에서는 기업을 해서도 안 되겠고 이마 투자한 기업마저도 어떻게 자본을 회수해야 할까 고민하지 않을까? 우리는 곰곰이 생각해 보아야 할 것이다. 언제부터 노동조합의 존재가 양계장 닭의 노동조건 개선에 관심을 두는 것이 아니라 그들만의 권익을 위해 양계장 주인의 동업자가 되었는지.

노조원들은 기득권을 갖고 민주주의의 가장 큰 원칙 중의 하나인 공정한 기회마저 박탈하고 있다. 자신들의 직업을 자식에게 세습하려는 그런 무리한 요구를 당당하게 하고 있다. 이러한 노조의 행태는 더 이상 노조의 존재가 있어서는 안 될 존재로 타락한 것이 아닌가? 이렇게 타락한 노조들과 손잡고 정치인들은 나라의 미래가 아니라 권력을 갖고 양계장 주인이 되겠다는 꿈을

꾸고 있다. 그런 정치인들은 노조가 있어서는 안 될 국가기관의 공무원, 학교, 경찰, 국가기관 산업의 핵심인 철도까지도 노조의 설립을 인정해 주고 있다. 그뿐만 아니라 기업은 기업 내에서 자율적인 방법으로 운영하도록 해야할 것이다. 그런데 노조 없는 기업을 법으로 금지한다는 것은 결국은 국가나 국민의 미래가 아니라 자신들의 이익만을 내세우는 것이다. 겉으로는 노동자의 권익을 내세워 자신들의 권력 욕심을 채우려는 양계장 주인이 되려는 자들과 무엇이 다르다고 할 것인가?

우리는 언제부터인가 양심이라는 소중한 인간의 본성을 잃어버렸다. 서양에서는 자신의 명예를 지키기 위해 목숨을 건 결투를 진행한다고 하지 않는가? 이러한 명예는 양심이 없다면 그야말로 무슨 의미가 있으며 지킬 의향마저 없을 것이다. 그런데 있어서는 안 될 그런 양심 없는 일들이 우리나라에서는 아무렇지도 않게 일어나고 있다. 우리의 민주주의가 무너지고 있다는 증거가 아닌가? 선진국이라고 지칭하는 어느 나라에서 이런 사례가 있는지는 모르겠지만 대통령 후보가 욕설에 거짓말로 범법자라니, 대법원장이 거짓말을 하고, 대법관이 재판 거래의 의혹을 받고 있으니 과연 양심이 있다면 부끄러워서라도 이런 짓을 할 수가 있을까? 명예를 소중히 여긴다면 억만금을 준들 자신의 본분을 망각하면서 자신의 명예를 더럽히려 할 것인가? 윗물이 맑아야 아래 물도 맑다고 한다. 최근 판사들의 판결도 국민의 정서나 사회의 일반적인 통념과 일치하지 않는 자신의 정치적 성향에 따라 제각각의 판결을 하고 있다. 우리 사회가 얼마나 혼탁해졌다고 해야 할 것인가?

최근의 사태를 통해 상식적으로 생각해 보자, 공수처가 과연 필요한 기관인가? 능력 없는 공수처장에 한쪽으로 치우친 수사 등으로 사회의 지탄받아이미 공정성에 있어서 문제가 있는 것으로 인식이 되었다. 그 수사 실적 또한 초라하기 그지없는 기관에서 갑자기 대통령 탄핵과 관련해선 왜 그렇게 나서는지를 분명히 국민 앞에 소상히 밝혀야 한다. 이미 법적으로 문제가 있다고 제기된 문제에 대한 의구심부터 해소하게 하는 것이 순서일 것이다. 특정인에 대한 재판도 공개 안 하겠다던 법원이 대통령에 대한 체포 명령에 영장을 발부하였다. 이런 행태야말로 과연 헌법에 명시된 대한민국 국민은 평등하다고 할 수 있겠는가? 야당의 대표는 국회 일정을 이유로 몇 번이나 법정 출석을 안 하고 일정마저 임의로 변경하기까지 했다. 법원에서 체포영장이나 구인장을 발부가 아니라 신청을 한 적이라도 있는가?

대통령에 대해서 경호처장의 말처럼 아직도 법적으로 대통령인데 국가 최고의 선출직에 대한 예우를 당연히 갖추어야 한다. 한때는 '선출직 공무원에게 감히'라며 특권을 주장하던 국회의원까지 있었다. 우리가 선거로 선출한 최고 권력자인 대통령을 체포하겠다고 영장을 신청하는 공수처나, 이를 승인한 법원이나, 이를 집행하는 모습을 전 세계에 공개적 보여 주면서 대한민국이라는 이름에 먹칠을 한 자들은 도대체 어느 나라 국민이며 양심을 가지고 명예를 생각하는 자들인지 묻고 싶어질 따름이다.

지금이라도 분명히 적용되어야 할 똑같은 원칙이 있다면 국가의 이익과 국민의 미래를 가장 우선적으로 생각해야 한다는 것이다. 특정 정당이나 노조와 같은 특정 단체의 유불리에 따라 중요한 정책이나 법 집행 그리고 공권력등이 함부로 사용되어서는 안 된다. 노동조합이면 노동자의 권익을 위한 본연의 역할을 해야 할 것이지 정치집단으로 변질하여서는 안 될 것이다.

이러한 국가기관, 정당, 노조와 같은 각종 단체도 변해야 할 것이지만 언론또한 일방적이고 편파적인 내용이 아니라 사실을 그대로 전달하는 전달자의 역할을 하여야 할 것이다. 국민 모두도 똑같은 대한민국 국민임을 명심하고 더 이상의 편 가르기나 비난보다는 칭찬과 감사를 해야 할 것이고 정치적 성향이나 개인적 편견에 따라 똑같은 문제를 다르게 판단할 것이 아니라 공정과 정의라는 원칙에 근거하여 옳고 그름을 판단의 기준으로 삼아야 할 것이다.

MAJORITY

4부

자유를 꿈꾸는 닭

자유를 그리워하는 사람들

"공기와 같이 아무렇지 않게 생각했던 자유가 그렇게 그립고
소중한 것인지 깨우치지만, 구속받는 틀을 벗어나기 어렵다."

보인다

세상은 아는 만큼 보인다고 한다. 똑같은 돌덩이라 할지라도 어떤 사람의 눈에는 그저 쓸모없는 돌덩이로 보이지만 어떤 사람의 눈에는 주춧돌로 쓰일 수 있는 훌륭한 돌로 보일 수도 있다. 어떤 사람은 돌덩이 자체에 포함된 금속 성분이 금을 함유하고 있다는 사실을 알고 그 내재 가치를 알아보는 사람도 있을 것이다.

그럼 똑같은 사물을 두고도 다른 판단을 할 수 있는 것은 무엇 때문일까? 그 사람의 경험이나 교육을 통한 배움의 지식 함양에 따라서 다를 것이다. 어떤 사물이나 어떤 상황에서 이렇게 남들이 보지 못하는 것을 볼 수 있는 능력을 안목이라고 할 수 있을 것이다. 세상을 살다 보면 보이는 것보다 볼 수 없지만 존재하고 있는 것이 너무나 많다. 때에 따라서는 보이지 않는 것이 더욱 중요할 수도 있다. 인간을 비롯하여 지구상의 많은 동물은 호흡이라는 과정을 통하여 산소를 마시면서 생명을 이어갈 수 있다. 이러한 산소와 같은 공기들은 우리가 볼 수가 없는 존재이지만 분명히 세상에서는 존재하고 있는 물질임에는 분명하다.

그리고 삶의 과정에서 과거와 현재는 보이지만 미래는 볼 수가 없다. 하지만 우리는 언젠가 다가올 미래가 우리의 삶에 있어서 더 중요할지도 모른다. 그래서 이렇게 보이지 않는 것을 투시하거나 예측하거나 알아볼 수 있는 능력이 있는 사람이 우리에게는 필요하다. 하지만 사실은 그런 능력을 갖추고 있는 사람들이 많지 않다는 것이다. 우리가 알 수 없는 미래를 준비하는 과정에서 현재의 결정은 너무나도 중요하다. 그런 중요한 결정을 하기 위해서 우리는 혜안을 가진 사람이나 안목을 가진 사람 또는 경험이 있는 사람을 기업의 최고 경영자로 초빙한다. 조직의 최고 책임자 또는 국가의 최고 결정 권한을 가진 대통령 등으로 책임을 맡기고자 한다. 그들이 지금 결정한 사항은 일반의 안목을 가진 사람들은 알 수 없지만, 미래에는 우리의 기업, 조직 또는 국가에 엄청난 영향을 미치기 때문에 우리는 그런 능력을 갖춘 사람을 알아보고 제대로 대접해 줄 필요가 있는 것이다.

우리는 운이 좋게도 기업에 그런 안목과 혜안을 가진 수많은 뛰어난 경영자들이 있었기에 지금 우리에게 세계 최고의 기업이 있다. 우리 기업들의 상품은 세계인의 사랑을 받으면서 우리 대한민국의 명성과 국민의 자부심 향상에 기여하고 있다. 그뿐만 아니라 대통령 중에는 더 이상 가난을 물려줄 수 없다며, 새마을 운동과 중화학공업을 육성하여 한강의 기적이라 불리는 경제 성장을 이룩할 수 있는 근본을 만든 박정희 대통령이라는 뛰어난 국가지도자가 있었다는 것이 우리에게는 큰 행운이 아닌가? 국가, 기업 그리고 어떠한 조직에서든지 조직의 최고 책임을 맡은 사람의 능력에 따라 때로는 그 조직이 침몰하거나 도산하여 산산이 부서진다. 우리 대한민국처럼 무에서 유를 창조해 낼 수도 있다. 그렇기에 어떤 조직의 조직원들은 어떤 장을 만나느냐에 따라 조직과 조직원의 운명이 완전히 바뀌어 칠 수 있다는 점을 명심해야 할 것이다.

우리가 말하는 빙산의 일각은 통상적으로 빙산은 물 위로 드러나 있는 부분은 20% 정도이고 나머지 80%는 물속에 잠겨 있어서 눈에 보이지 않는다고 한다. 그 유명한 타이타닉호도 첫 출항에서 눈에 보이지 않는 빙산의 잠긴 부분을 간파하지 못한 선장의 잘못으로 결국 배는 침몰하고 많은 피해자가 발생하게 된 것이다. 그래서 우리는 대한민국이라는 조직의 최고 경영자인 대통령을 비롯하여 지방자치단체의 장 그리고 국회의원을 비롯한 많은 의원을 선출하는 데 더욱 관심을 두고 신중하게 선택해야 한다. 지금까지 우리의 선거 방식은 사실은 출마자의 능력을 보기보다는 정당의 선호도나 나와 이념이 같다고 그리고 대중의 인기가 높다고 표를 주었다. 더군다나 사이다 발언이나 튀는 발언을 많이 해서 이름이 귀에 익다고 그런 사람들에게 소중한 자신의 표를 행사했을 수도 있다. 아마도 당신이 투표라는 선택을 통해 한 결정이 당신의 미래를 바꾸어, 어쩌면 당신의 미래가 파탄이 날 수도 있다. 그런데도 그런 것에는 전혀 개의치 않고, 자아의 의식과 사려 깊은 생각도 없이 다른 사람의 권위나 막연한 생각이나 기대로 중요한 선거를 하는 것은 아닌지 한번 되새겨 보아야 할 시점이다.

옛말에도 뭐 눈에는 뭐만 보인다는 말이 있다. 국민의 수준이 낮다면 수준이 낮은 후보자만 보이게 된다. 우리가 우리의 미래를 맡길 사람에 대해서 깊이 있는 생각과 신중한 사고와 다양한 사례에 대한 학습과 후보자의 살아온 길에 대해 검토해야 한다. 그렇지 않다면 튀는 발언으로 눈길을 끌거나 편향적인 생각에 이끌려 후보자를 선택하는 경우가 더 많을 것이다. 그러한 오류를 방지하기 위해서라도 모든 국민이 서로 소통하면서 깊이 있는 사고와 사려 깊은 사람이 되고 예의를 갖추고 남을 배려하는 품격과 품위를 갖춘 사람들이 된다면 결국 그런 품격과 품위를 갖추고 남을 배려하면서 밝은 미래로 이끌 능력 있는 지도자형의 후보자를 선택할 것이다. 하지만 그런 안목과 품격과 품위를 갖지 못한다면 사이다 발언처럼 자극적이고 감성적인 언어유희에 능숙한 양계장 주인형의 후보자를 선택할 것이다.

우리가 특별히 주의해야 할 사항이라면 약속을 지키지 않는 사람 거짓말을 하는 사람들을 절대로 뽑아서는 안 된다는 것이다. 그나마 범법자가 있는지 사전에 전과 기록 등에 대해서는 공표하게 되어 있지만 출마와 당선에는 그런 전과 기록이 제약이 안 되는 경우가 많다. 어떤 입후보자 중에는 국민을 하천에 사는 가재, 붕어, 개구리로 보는 사람도 있다. 하지만 그런 입후보자가 국회의원에 당선되는 것을 본다면 우리 국민의 눈은 보이지 않는 것을 볼 수도 없을 뿐만 아니라, 눈에 보이는 사실마저도 제대로 볼 수 없는 장애 아닌 장애가 있는 사람들이 많은 것이 아닌지 우려스러울 뿐이다. 그래서 우리는 더 많이 소통하고 서로가 본 것을 나누어 가진다면 이러한 장애를 극복하는 방법이 될 수 있을 것이다.

체코에 소재하고 있는 프랑스계 자동차 부품회사인 발레오사를 방문하면서 놀랐던 것은 회의실 벽 자체가 투명한 유리로 만들어져 있다는 것이다. 그뿐만 아니라 사무실과 공장을 구분하고 있는 벽 일부가 유리로 되어 있어 사무실 내에서 투명하게 보이지 않는 곳이 없었다. 그리고 사무실과 공장이 서로 잘 볼 수가 있어 어떻게 보면 서로 견제하고 있어서 맡은 바 임무를 성실히 수행하지 않고 있다면 누군가는 바로 알 수 있도록 한 점이 매우 이채로웠다. 우리도 국민의 소중한 세금으로 월급을 받는 사람이라면 누구나 발레오사의 현장처럼 모든 국민이 바라볼 수 있도록 그런 투명한 시스템을 만들어야 한다. 누가 진정으로 국민을 위해서 제대로 일하는 사람인지 유권자라면 누구라도 알 수 있도록 한다면 더욱더 열심히 그리고 부정 없이 진정한 주인인 국민을 위해 잘하려고 노력하는 일꾼을 선출할 수 있을 것이다. 국민 또한 소중한 선거권의 행사를 할 때 나름대로 평가 기준을 갖고 후보자 중에서 진정으로 주인인 국민을 위해서 제대로 일할 수 있는 지도자형 후보자인지 선별할 수 있는 그런 안목들이 생기리라 믿는다. 그럴 때 우리의 대한민국은 밝은 미래가 보일 것이다.

아끼다

"
한정적인 자원을 아껴서 미래를 준비할 때 새로운 길이 열린다.
"

자원은 한정적이라는 사실을 항상 명심해야 한다. 우리는 한정적인 자원을 아끼고 소중하게 생각할 때 작은 일에도 감사하고 살아 있음에 행복을 느낄 것이다. 세상에는 작은 것이지만 가지지 못한 사람들이 많기에 현재에 처한 현실을 비관하는 사람들도 있다. 심지어 그 가지지 못함을 벗어나려고 발버둥 치는 노력보다는 낙심하고 포기를 하려는 사람들이 의외로 많다는 사실을 명심해야 한다. 하지만 길은 여러 가지가 있다. 지금 가지고 있는 자원을 아끼고 미래를 준비하는 마음을 가진다면 언제나 생각하지 못했던 새로운 길이 열리게 되는 법이다. 이제 우리의 생활 습관을 바꾸어야 할 때가 되었다고 생각한다.

독일의 업체를 방문하기로 날, 방문을 예약하였던 업체의 직원이 소형차를 몰고 마중을 나왔다. 그 회사로 가는 도중에 신호등의 신호가 바뀌어 차를 멈추는 순간마다 차의 시동을 끄는 것이 아닌가? 분명히 우리보다도 더 잘 사는 국가인 독일인 데다 크지도 않은 소형차인데 왜 시동을 끄는지 나의 궁금증은 커져만 갔다. 다른 신호등에 대기할 때 또 시동을 끄기에 왜 그러는지 물어보았다. 그런데 이 직원은 질문의 답으로 '너희 나라에서는 이렇게 하지 않느냐?'며 오히려 이상하다는 투로 반문하는 것이 아닌가! 그때는 몰랐지만 이러한 절약의 정신은 이제는 대부분 차들이 채택하고 있는 'ISG(Idle Stop & Go) 시스템'[38]이다. 역시 필요는 발명의 어머니라는 말이 실감 난다. 그런

38 공회전 제한 장치로 차량이 멈췄을 때 자동으로 시동을 끄고, 출발할 때 자동으로 시동을 거는 장치.

데 우리는 이런 좋은 시스템을 만들었지만 편한 것이 중요하지, 절약하고 환경에 도움이 되는 것이 그다지 중요하지 않은 듯하다. 일본에서 버스를 타 보면 버스가 신호등에 대기할 때마다 모든 버스가 이러한 ISG 시스템을 이용하여 자동으로 시동을 끈다. 짧은 시간이지만 에너지 절감과 환경 보존에 앞서고 있다. 이유야 있겠지만 우리 대중교통 버스뿐만 아니라 지인들의 차들에서도 이러한 ISG 시스템을 활용하는 경우들을 보기 힘들다.

사실은 아무것도 아닌 것 같지만 작은 절약으로 우리가 아낄 수 있는 에너지의 양은 엄청나다. 2023년 등록 차량 대수 2.3천만 대 중 하루 운행 차량이 50%라 가정하고 신호 대기 시간 30초에 하루 10회만 신호를 기다린다고 해 보자. 한 대당 300초 즉 5분에 전체 운행 차량 기준으로는 1억 1천5백 분 시간으로 따지면 1,916,667시간, 일수로는 79,861일이다. 우리가 모두 이렇게 절약에 동참한다면 겨우 1일만 시행하더라도 차량 1대가 거의 219년을 운행하는 엄청난 에너지를 절감하는 효과가 있다.

우리가 한때 헬 조선이라느니 우리 자신을 비하하고 스스로 나쁘게만 생각하는 그릇된 생각을 가지는 젊은이들이 많았다. 결국은 작은 것에도 감사하고 아끼고 내가 가진 재능을 살리고 부족한 부분은 배우고 더욱 갈고 닦으려는 노력보다는, 내가 가지지 못한 남의 것에만 시기와 질시의 눈으로 바라보면서 금수저니, 흙수저라며 스스로 비관하는 말을 하는 풍조가 있었다.

이렇게 스스로 비하하는 사회적 분위기는 작은 것도 아끼면서 나 자신이 스스로 성취하려는 노력이 부족하기 때문이라고 믿는다. 그런 잘못된 생각을 가진 젊은이들에게 오히려 성장 사다리를 만들어 더욱 도전하고 분발하도록 응원하여 스스로 자신의 환경을 극복하도록 강인함을 갖도록 해야 한다. 그런데 개천에서 행복한 붕어, 개구리, 가재나 되라는 말을 한 정치인이 있었다.

젊은이들이여 그저 살아 있다는 사실이 행복이라고 느끼고 지금부터라도 가진 자원을 조금이라도 아껴 사용하는 습관을 실천하면서 미래에 대한 꿈을 조금씩 키워간다면 그 순간부터 행복이 시작되리라 믿는다.

또 다른 문제가 있다면, 작지만 아끼고 모아서 조금씩 자신의 자산, 지식, 능력, 기술 등을 키워나가야 한다. 그러나 많은 사람이 너무나 조급하게 모든 것을 쉽게 한 번에 이루려는 경향이 있다. 결국 쉽게 번 돈은 쉽게 나가게 되고, 이렇게 쉽게 돈을 버는 경험을 하게 되면 어렵게 노력해서 조금씩 키워나갈 수 없다. 쉽게 돈을 버는 경험한 사람은 카지노, 복권 등의 한탕주의에 물들게 된다.

특히 사회생활의 시작부터 이렇게 쉽게 돈을 버는 경험 한다면, 이것이 오히려 독이 되어 어렵고 힘들게 조금씩 버는 돈에는 관심이 없다. 결국 한 번에 모든 것을 벌겠다는 마음가짐으로 더 이상 헤어날 수 없는 더 깊은 수렁 속으로 빠져들게 된다. 국내에서는 마음대로 할 수 없지만 해외에서는 쉽게 접근할 수 있는 공인된 도박장인 카지노는 한국의 주재원과 출장자들로 문전성시를 이룬다. 대부분 카지노에서 사고가 나는 사례를 보면 처음에는 재미로 시작하였던 것인데, 생각하지도 않게 적은 돈이라도 따게 되면서 오히려 불행은 시작된다. 어쩌다 돈을 따게 되면 자신이 카드 게임을 잘하는 것이 아닌가의 착각과 이렇게 쉽게 돈을 벌 수만 있다면 조만간 큰 부자가 될 수가 있다는 상상한다. 그때부터 일이 손에 잡히지 않고 카지노의 카드나 룰렛의 모습만 눈앞에 그려지니 한시라도 빨리 카지노에 가고 싶은 마음은 자꾸 커져만 간다.

그렇게 처음에 조금씩 따던 돈도 어느 순간 잃기 시작하면 자꾸만 본전 생각은 나고 어떻게 하던 본전만은 만회해야겠다는 생각에 판돈을 자꾸 키워 나가게 된다. 곧 본전을 회복할 것 같지만 본전이 아니라 가지고 있는 밑천을 다 쓰고도 본전을 찾지 못한다. 그러면 또 다른 모험을 시작한다. 이번 한 번에 꼭 본전을 만회해야지 하는 마음으로 판돈을 키우는 것이다. 결론적으로 자신이 가진 돈은 모두 잃고 주변에 아는 지인들에게 손을 벌리게 된다. 결국 하지 말아야 하는 선을 넘게 되고 때에 따라서는 더 이상 회복할 수 없는 상황에 직면하게 된다. 홀로 감당할 수 있는 수준을 넘어서고 지인들의 빚 독촉에 공금에도 손을 대게 되고 결국 잠 못 이루는 밤이 계속된다. 남들이 깊은 잠에 빠져 있을 때 홀로 잠 못 이루고 뜬눈으로 카지노에서 밤을 지새우고 회사의 업무는 뒷전이고 남들이 알 수 없는 고민 속에서 결국은 선택할 수 있는 길이 많지 않게 되는 것이다.

　행복하기를 원한다면 지금부터 조금씩이라도 아껴 본다면 그 작은 것이 하나둘 모여서 작은 행복을 만들고 또 그 작은 행복이 모여서 더 큰 행복을 만들고 궁극적으로 그렇게 아끼는 습관을 가진 사람에게는 성공이라는 큰 행복을 가지게 될 것이다.

전하다

우리는 세대 간의 소통, 남녀 간의 소통, 지역 간의 소통, 진보와 보수의 소통, 여와 야의 소통 모두가 소통과 대화를 하지 않으면서 자신의 주장만은 열심히 한다. 그러면서 다른 사람의 말에는 귀를 기울이려 하지 않는다. 때로는 모임이나 가까운 친구 사이에서도 정치 얘기는 하지 말라고 한다. 그러면서 여행의 이야기, 먹고 노는 이야기만 주제로 삼아야 한다고 한다. 그럼 대한민국의 미래는 어떻게 될까? 당신이 좋아하는 여행을 가기 위해 비행기를 타거나 망망대해로 나아가는 유람선을 타는데 그 비행기의 조종사나 유람선의 선장이 아무라도 상관이 없다는 말인가? 우리가 그런 것을 확인해 보지 않는 이유 중의 하나가 법과 제도가 있기 때문이다. 비행기를 운영하는 항공사나 유람선을 운영하는 해운사에서 그런 비행기나 유람선을 책임지고 조정하거나 항해가 가능한 능력을 갖춘 사람을 선발하고 있다. 그러기 때문에 우리가 굳이 확인하지 않고도 안심하고 그 비행기나 유람선을 탈 수가 있는 것이다.

그런데 항공기와 유람선과 같이 미래로 국민을 모시고 갈 국가라는 공동체를 조정하고 책임을 지고 운영할 사람을 선발해야 하는 주인이 국민이다. 그런 국민이 국가라는 큰 조직의 운영 능력을 갖추고 있는지, 말에는 거짓이 없는지 과거의 행적에는 법이나 규정을 위반한 것이 없는지, 약속은 잘 지키는지, 진정으로 국민을 주인으로 모시고 국민을 위해서 일할 자세와 태도를 갖추고 있는지를 평가해서 뽑는 것이 당연한 것이 아닌가? 그러기 위해 우리는 서로가 생각하는 관점을 허심탄회하게 소통해야 한다. 행여나 내가 놓치는 부분이 있는지, 보지 못하는 점이 있는지를 서로 물어보고 의견을 들어봐야 하는 것이 아닌가? 그런데 정치 얘기하지 마라! 그럼 항공사나 해운사에서 조종사나 선장을 채용하는데 심사위원들끼리는 얘기도 하지 말고 의견도 나누지 말고 그냥 알아서 하세요. 이렇게 해서 선발을 하는 것이 옳다는 얘기인가?

우리는 정치 이야기하지 말라면서 서로 간의 소통 없이 제대로 평가하지 않고 국민의 대표를 뽑고 있다. 그렇게 선출된 정치인이 국민의 대표라면서 국민을 무시하고 있다. 서로 간의 소통 없이 제대로 확인하지 않고 소중한 표를 행사한 결과 때문이다. 국민의 대표라며 상스러운 얘기나 하고, 품격 없는 언어로 국민을 업신여기고, 거짓말로 선동이나 하는 사람들을 선출하는 것이다. 그러니 제21대 국회의원 10명 중 3명이 전과자라고 한다. 그렇게 선출된 자들이 국민의 대표라면서 만드는 법은 대한민국의 미래를 위한 법일까? 자격 없는 자들의 자신들을 위한 법일까? 이러한 잘못된 결과를 만든 책임은 분명히 국민에게 있는 것이다.

올해는 치욕스러운 역사인 을사조약을 맺은 지 120년이 되는 해이다. 우리는 우리가 걸어온 역사를 바르게 배우고 역사적 사실을 바탕으로 교훈을 얻어야 한다. 그래서 잘못된 일은 다시는 되풀이되지 않도록 해야 한다. 그동안 우리는 많은 역사적 사건을 겪어 오면서 오늘의 대한민국으로 세계 속에 우뚝 서게 된 것이다.

그런데 역사는 항상 승자가 유리하게 기록하는 경향이 있다. 과거에는 사람들의 입으로 전해지던 시절이었으니 역사적 사실이 왜곡될 수도 있다. 지금은 디지털 시대가 되면서 여러 가지 방법으로 기록되고 공유하고 사실 여부를 확인할 수 있다. 그런데 역사적 진실을 알기 위해서 자유가 필요한 것이다. 어떤 사실에 대해서 다양한 정보도 있을 수 있고 보는 관점도 다를 수 있다. 그런 사실을 자유롭게 얘기를 나눌 수 있어야 진실에 가까운 정보를 확인하고 그런 사실을 역사로 기록할 수가 있다.

우리가 가장 싫어하고 두려워하는 전제주의 국가에서는 자유롭게 말하거나 자신의 의견을 당당하게 말을 할 수가 없다. 왜냐하면 자신들의 체제가 무너지리라는 것을 당연히 알고 있으니 최대한 통제를 한다. 사람 간의 소통이나 외부의 소식을 알지 못하도록 하여 자신들이 주입하는 생각을 믿고 따르도록 하는 것이다. 마치 양계장의 닭들은 닭장 속에 갇혀서 바깥의 자유로운 세상을 경험하지도 못하고 이야기나 소식을 들어 보거나 본 적이 없다. 그러니 자유로운 야생의 삶에 대해 두려움을 갖게 될 수밖에 없다. 양계장 주인과 동업자들은 자신들에게 맹신하도록 소통을 차단하고 자신들의 사상만을 반복해서 주입할 뿐이다.

그래서 거짓말을 하는 사람들이 가장 두려워하는 것이 투명해지는 것이고 공개적으로 말하는 것이다. 이곳과 저곳에서 다른 얘기를 해야만 사람들을 속일 수 있다. 그런데 모든 사람이 알고 있다면 다른 말을 못하게 되니 이것만큼 두려운 것이 없다. 그런 면에서 자유민주주의 국가 대한민국에서 5.18 관련하여 다른 주장을 담은 책자를 발행하거나 비난해도 불법이다. 그리고 이런 주장을 담은 책이나 다른 의견을 제시하면 처벌받는다. 그러면서 유공자라면서도 그 유공자들의 명단을 밝힐 수 없다는 것은 자유민주주의 체제하에서는 있을 수 없는 일일 뿐만 아니라 있어서는 안 될 일이다.

우리는 역사를 바로 알고 바르게 전달할 책임을 갖고 있다. 그러한 올바른 역사를 통해 더 나은 미래로 향해 가도록 해야 하는 것이다. 기성세대에게는 과거의 역사를 바르게 알고 바르게 전하여 다음 세대들이 미래의 주인공으로 바라게 성장할 수 있는 밑바탕을 제공해야 하는 책임도 있다. 그러나 지금 우리 사회의 문제점들은 우려스럽다. 공동체는 갈가리 찢어지고 나누어져 있다. 미래를 위한 준비나 미래에 대한 희망을 전하거나 미래를 위한 대화를 나누지 않는다. 과거에 얽매여 서로가 잘못을 욕하고 손가락질하고 화내고 등 돌리고 있다. 이러니 화합된 우리의 힘은 사라지고 개인주의로 나만 괜찮으면 세상이 어떻게 되든 나라가 어떻게 되든 그런 어리석은 생각만을 하게 된다. 하지만 내가 나와는 아무런 상관이 없다고 생각하는 그 대한민국이 어떻게 되느냐에 따라 당신의 대우나 처지가 달라질 것이다. 당신이 느끼는 국가의 존재에 대한 영향력은 대한민국 영토를 떠나 다른 나라에 입국 절차를 밟는 순간부터 몸으로 직접 느끼게 될 것이다. 그래서 나만 잘 살고 나만 괜찮으면 된다는 어리석은 생각은 버려야 한다.

우리는 자유로운 생각을 바탕으로 창의적인 아이디어를 만들어야 한다. 경쟁력 향상을 통해 세계를 이끌 수 있는 국가를 만들어야 한다. 그러기 위해서는 우리가 가진 국민 개개인의 힘을 하나로 묶어서 우리라는 큰 힘을 발휘해야만 한다. 우리라는 힘을 발휘하기 위해서라도 우리는 우리의 마음과 마음은 서로 통하고 전해져야만 한다. 아무리 좋은 생각과 창의적인 아이디어도 마음속으로만 갖고 있다면 아무런 의미가 없다. 그러기 위해서는 자유로운 분위기에서 자유롭게 마음과 생각을 전할 수 있는 사회문화를 만들어야 한다. 공산주의 또는 전제주의 국가의 가장 큰 약점 중의 하나가 대화가 없다는 것이다. 괜히 잘못 얘기했다가 어떻게 처벌받을지 모르니 그냥 입 다물고 자신의 마음을 표현하지 않는 것이다. 한때 악명 높은 공산주의 국가에서는 아이들에게 부모마저도 고발하도록 교육하였다. 그 결과 가족이라는 혈연의 관계마저 비참하게 파괴되기도 하였다. 하지만 자유민주주의 국가의 가장 큰 힘은 자유롭게 자신의 의견을 표명하고 서로 공감하고 모두가 하나가 되어 미래로 나아가는 것이다.

그런데 그렇게 서로의 생각을 전하지 못한다면 얼마나 많은 사회적 손실이 발생할 것인가! 우리는 친일주의자라는 말로 우리의 조상들을 비난하고 있다. 알고 보면 힘이 없는 국민이 무슨 잘못이 있을까? 나라 잃은 설움의 책임에 관한 얘기를 들어본 적이 없다. 이제라도 일본 지배 치하의 똑같은 상황을 만들어 지금의 세대들이 생활해 보도록 해야 한다. 그러면 상황을 고려하지 않고 친일파라는 표현을 함부로 사용하는 젊은이들이 좀 더 이해하고 사실을 정확히 알 수 있는 기회가 생기지 않을까?

우리는 이제 과거에 얽매여 있을 때가 아니다, 과거의 역사적 사실을 바탕으로 좀 더 희망차고 밝은 미래를 만들어 가야만 하는 것이다. 그러기 위해서라도 우리는 입에서 입으로 역사적 사실을 제대로 전하고 마음에서 마음으로 밝은 미래의 희망을 전해야 한다. 우리가 전하는 작은 사실과 희망이 지금은 아주 작은 불씨에 불과하겠지만 모이고 모여서 우리 가슴의 마음속에서 하나의 생각으로 뭉쳐진다면 아무도 거스르지 못하는 꺼지지 않는 활화산이 될 것이다. 그 활화산이 대한민국 미래를 밝혀 줄 것이다.

비치다

사회 지도층의 사람들은 과시욕과 특권의식보다는
사회적 책임과 모범을 보이는 사람으로 비치어야 한다.

우리가 평소에 많이 하는 이야기 중의 하나가 "무엇의 눈에는 무엇만 보인다."라는 표현일 것이다. 사람은 자신의 관심사가 무엇이냐에 따라 세상을 보는 눈이 달라질 것이고 결국 그 관심을 두는 것만이 보이고 다른 것은 보이지 않는 것이 당연할지도 모른다.

양계장의 닭이라면 당연히 오늘 먹는 모이가 무엇인지만 관심을 두게 될 것이지 다른 사항에 대해서는 별다른 관심이 없는 것이 당연할 것이다. 아마도 병역의 의무로 군 생활을 해 본 사람이라면 반복적인 일상생활을 하면서 가장 관심을 두는 것이 그날 식당의 메뉴가 무엇인지, 좋아하는 메뉴가 나왔을 때 뷔페처럼 내가 먹고 싶은 양껏 먹을 수 있으면 좋겠다는 상상을 안 해 본 사람이 없을 것이다. 그때는 왜 그런지 정말 먹는 것에 관심이 많았다. 윤활유의 일종인 구리스 통에 라면을 끓여서 구리스가 둥둥 뜨는 라면을 한 젓가락이라도 더 먹겠다고 난리를 부리고 세상에서 제일 맛있는 음식을 먹는 듯 구리스가 둥둥 뜬 라면 국물을 맛있게 먹었던 적이 있었다. 구리스 통에 끓인 같은 라면이지만 어떤 사람은 세상에서 둘도 없는 맛있는 음식으로 느껴질 수가 있지만, 어떤 사람은 억만금을 주더라도 먹지 않을 개돼지들만 먹을 수 있는 음식으로 받아들일 것이다.

우리가 정치를 비롯하여 우리 공동의 사회에서 발생하는 일 중에서도 내가 어떤 관심을 갖고 어떻게 생각하느냐에 따라 똑같은 사실의 내용이라도 보이는 부분이 있고 보이지 않거나 들리지도 않는 부분이 있을 수 있다. 보이는 사실이라도 내가 어떤 생각을 갖고 있느냐에 따라서 같은 내용이라도 다르게 느껴질 수가 있는 것이다.

우리가 매일 접하는 상업광고는 우리가 어떤 생각을 하도록 반복적으로 주입을 하는 것으로 그렇게 반복적으로 노출되다 보면 우리는 자신도 모르게 어떤 상황에서는 떠오르는 브랜드가 형성되고 그 브랜드에 대하여 충성도가 생기는 것이다. 그런데 이렇게 상업적인 광고로 제품에 대한 이미지가 형성되어 한번 또는 반복적인 구매 활동으로 이어지는 것이다. 그렇기에 우리의 삶에 지대한 영향을 미친다고 할 수는 없다. 하지만 매일 같이 반복적으로 눈 앞에 노출되는 정치구호가 적힌 현수막 또는 정치적인 유튜브나 지인들의 정치적인 글에 자극되거나 사리 분별없이 그대로 믿으면 확증 편향적인 사고를 갖게 되는 위험에 처할 수 있다는 사실을 우리는 명심해야 한다.

이러한 확증 편향적인 사고에서 벗어나기 위해서는 보이는 사물이나 듣는 사실에 대해서 단순한 감성적인 사고로 다가갈 것이 아니라 논리적이고 사려 깊은 생각을 위한 지식 함양이나 경험의 축적이 필요하다. 그래서 주입식의 보이는 사실에 얽매일 것이 아니라, 보이지 않는 부분을 추측하고 예상하고 참작할 수 있는 안목 있는 논리를 자꾸만 키우는 노력과 연습이 필요한 것이다. 또 하나의 우리 사회의 문제는 사회 지도층의 인사들의 모범적인 태도가 필요하다는 점이다. 해외에서는 볼 수 없는 부에 대한 과시욕들이 너무 심하며 그런 부의 과시는 사회적 지탄을 받아야 한다. 그런데 지탄의 대상이 될 행동들이 오히려 일반인들의 부러움의 대상이 되고 당연히 용인되는 사회적 분위기가 문제이다. 예를 들자면 최근에 법인차량에 대한 녹색 번호판을 달도록 하면서 고급 승용차에 대한 수요가 줄어들고 있다고 한다. 결국 고급 승용차를 타면서 과시만을 목적으로 하던 사람 중에 녹색 번호판을 달고 타는 고급 승용차에 대한 일반 시민들의 눈초리를 무서워하고 있다. 고급 승용차를 법인 명의로 사는 사람들이 부담을 느끼고 있다는 것이다. 그런데 법인차량이든 개인차량이든 구분 없이 고급 승용차를 타는 사람들은 사회적인 지도층에 있다는 태도로 다른 사람보다 모범을 보이고 사회적인 책임을 다해야 한다. 모범적인 교양과 예의를 갖추고 사회질서를 위반하는 일이 없도록 솔선수범하는 것이 당연하다. 또한 그에 어울리게 스스로 지식수준뿐만 아니라 공동사회의 선을 실천하는 데 앞장서야 하는 사람으로 인식되어야 한다. 그러면서 사람들의 존경을 받는 사회적으로 당연한 분위기가 형성되고 그런 문화가 자리 잡아야 바람직한 사회라고 할 것이다.

그런데 우리는 고급 승용차를 타면 무언가 특권의식을 갖고 있다. 법규를 위반하면서 자기 편한 대로 주차한다. 그런 위반 차량을 보면서도 보통의 사람들이 고급 승용차이면 당연히 그래도 되는 것처럼 생각하는 것이 그동안의 잘못된 사회적 분위기가 아니었던가? 오히려 고급 승용차를 타는 사람들이 그렇게 자기가 편한 대로 주차를 한다면, 그런 승용차를 탈 자격이 안 된다는 사회적인 분위기가 형성되어야 한다. 녹색 번호판과 같이 부끄러워서라도 스스로 모범적으로 교통 규칙을 지키려 할 것이다. 그리고 자기의 편리에 따라 아무 곳이나 편한 곳에 주차하는 사람들이 사라질 것이다.

우리가 그런 사람들을 어떤 눈과 생각으로 바라보느냐에 따라 우리 사회의 분위기가 바뀌어 질 것이다. 고급 승용차를 타는 것이 남에게 과시하기 위해서가 아니라 사회 지도층으로 지식과 품격을 갖춘 격조 높은 사람들로 모범적인 삶을 사는 사람으로 인식되어야 한다. 그렇게 인식되는 순간, 그런 고급 승용차를 타는 사람들 스스로가 변하고 누구보다도 사회적 규범이나 법규들을 준수하려고 노력할 것이다. 이러한 사회적 분위기가 형성된다면, 승용차가 남에게 자신을 드러내는 과시욕의 대상이 아니라 원래의 목적인 이동의 수단으로 인식될 것이다. 그러면 남들에게 보이기 위한 과시욕보다는, 이동의 수단으로서 나의 수준에 맞는 적정한 차량의 종류를 선택하는 바람직한 문화가 형성될 것이다. 말 그대로 차량은 이동의 수단이기 때문에 사람마다 이동하는 방법이나 거리 횟수가 다르며 고급 승용차를 탄다고 그 이동이 특별히 달라지는 것이 아니다. 오히려 이동은 차량을 통해서 이동할 때보다 자신의 두 다리로 걸어갈 때 더 많은 것이 보이고 더 많은 것을 생각할 기회가 생기는 법이다.

같은 거리를 두고 어떤 사람은 매일 차량으로 출퇴근하고 어떤 사람은 자전거로 출퇴근하고 어떤 사람은 걸어서 출퇴근한다고 한다면 걸어서 출퇴근하는 사람이 가장 많은 것을 볼 수가 있고, 더 많은 다양한 생각을 할 수가 있는 것이다. 출퇴근 시간을 이용하여 세상을 더 많이 보고 더 깊은 생각의 사고를 할 수 있는 사람은 고급 승용차를 타는 사람이나 다른 교통수단을 이용하는 사람이 아니다. 걸어서 다니는 사람이 더 건강하고 더 많은 세상을 볼 수 있기에 오히려 행복한 사람이라고 할 수 있지 않을까!

통하다

다양한 사람들과의 함께 생활하면서 그들과 통하는 대화와 활동 등,
경험의 기회들을 많이 만들어 주어야 한다.

우리 사회의 가장 큰 문제 중의 하나가 서로 소통하지 않는 것이다. 지금은 많이 바뀌기는 했지만 우리는 모르는 사람을 만나면 제일 먼저 물어보는 말이 너 몇 살이야 고향은 어디며 학교는 어디 나왔느냐는 질문일 것이다.

그런 다음에 형님이라고 부르라며 나이를 중심으로 상하를 나누는 게 일반적인 우리 사회의 소통 방법이었다. 하지만 이렇게 나이를 기준으로 하는 소통 방법은 세대 차이라며 서로의 관심사가 다르면서 소통하는 방법에서도 차이가 있다. 그래서 세대 간의 대화가 거의 단절되고 있는 것이 우리 사회의 큰 문제가 아닐 수 없다. 한때 유행했던 말 중의 하나가 눈높이 교육이듯이 소통의 가장 좋은 방법은 말하는 사람 중심이 아니라 듣는 사람 중심에서 눈높이에 맞추어 주는 것이 가장 좋은 소통 방법일 것이다. 그러기 위해서는 우리는 자신의 세대가 아닌 다른 세대들의 특징도 잘 알고 있으면서 그들이 처한 사회적 환경이나 관심사에 대해 잘 이해를 하고 상대방의 입장이 되어서 대화를 풀어나간다면 나이와 성별을 떠나 누구라도 자유롭게 대화를 나눌 수가 있을 것이다.

우리는 통상적으로 세대를 나누면서 중장년, 청년, MZ 세대, 밀레니엄 세대 등 여러 가지 방식으로 구분하는데, 우리의 세대를 부채, 선풍기 및 에어컨 세대로 나누고 싶다. 지금은 어느 집이나 에어컨이 없는 집이 찾아보기 힘들 정도로 잘 사는 시대가 되었지만 멀지 않은 과거에는 선풍기마저도 가진 집이 많지 않아 그 더운 여름날이면 부채로 더위를 피하던 시절이 있었다.

부채 세대의 특징은 갇힌 공간에서 탈출하여 동네의 원두막이나 평상에서 이웃들을 만나서 대화를 나누고 먹을 것도 나누면서 이웃들은 삶에 있어서 소중한 동반자들로 이웃들과 모든 정보를 공유할 정도로 함께 생활하는 중요한 존재였다. 그런 생활에서 선풍기의 출현은 동네 공동 공간에서의 생활에서 개인 공간으로 이동하게 되었다. 그래도 창문은 열어야 하는 세대로 선풍기를 이용하면서 공동의 생활공간에서 개인의 공간으로 이동하기는 하였지만 완전한 단절은 아니었다. 환기가 가능하게 창문은 열어 두면서 소통의 기회는 줄어들었지만 이웃이 누구인지는 알고 지낼 수 있는 환경은 조성되었다. 문명의 발달로 에어컨의 등장은 완전한 개인주의의 공간으로 사람들의 생활공간이 한정되면서 밀폐하여 다른 사람들과의 소통이 단절되기 시작하였다. 우리가 경제적인 부를 누리지 못하였다면 아무리 에어컨 시대가 시작되었더라도 그런 문명의 산물을 활용할 엄두도 못 내었을 것이다. 경제적인 성장은 개인주의의 가속화와 함께 빈부격차를 심화시키는 역할을 한 것이다.

에어컨 세대의 특징은 남의 입장보다 나만 좋으면 되고, 더위 자체를 참으며 이겨내어야 하던 부채 세대나 선풍기 세대와는 달리 조그마한 더위에도 잘 참지 못하고 에어컨을 켜야 한다. 그러면서 때로는 이불을 덮어야 할 정도로 강한 냉기를 틀면서 아아(아이스 아메리카노)를 외치는 세대들이다. 그런데 부채 세대나 선풍기 세대는 나를 위해 남을 희생시키는 것이 아니라 이웃은 더위를 이기는 공동의 동반자로서 고통을 함께 하면서 삶을 나누었던 사람들이었다. 그래서 가능하면 잘 지내고 배려하고 이웃이 누구인지 잘 알고 지냈다. 에어컨 세대에서는 이웃이 누구인지가 중요하지도 않을 뿐 아니라 이웃을 볼 기회도 만날 기회도 줄어들었다. 행여 우연히 이웃을 만나더라도 서먹해서 인사를 나누기도 민망할 때가 있다. 그러니 이웃은 인사를 나누는 대화의 상대라기보다는 이웃이 타는 차가 무엇인지 가진 것이 무엇인지가 궁금하고 자꾸만 비교의 대상이 된다. 이런 비교는 때로는 시기와 질시 그리고 개인적인 삶의 방해되는 존재가 되어 오히려 층간 소음 문제 등 아주 작은 문제로 이웃은 다툼의 존재로 바뀌어 가고 있다.

그런데 에어컨 세대가 알아야 하는 중요한 것이 에어컨을 사용하여 내가 더위로부터 탈출할 수 있는 것은 다른 누구에게는 더욱 더위를 가중한다는 것이다. 에어컨의 원리는 작은 공간에 찬 공기를 만들기 위해 더운 공기를 바깥으로 내보내는 것이다. 나의 시원함은 결국 누군가가 더 더위를 감당하기 때문에 가능한 것이다. 이런 원리를 알게 하고 지금의 편안함, 안락함 등 문명의 이기적인 산물에는 반드시 누군가의 희생이 따른다는 사실을 가르치고 고마움을 일깨워야 한다. 그런 고마움을 가르친다면 함께 사는 세상 나만 중요한 것이 아니라 서로를 이해하고 양보하고 나만의 처지가 아니라 상대방의 눈높이에도 맞출 수 있는 그런 문화나 분위기가 조성되지 않을까 한다.

우리가 지금 가르치고 생각하고 배우고 일상에서 나누는 대화의 소재는 내가 처한 지금의 순간에 관한 관심만을 표명하는 것이기 때문에 사람들이 단순화되고 생각의 깊이는 없다. 그래서 감성적이거나 감정적인 행동을 많이 하게 되는 것이 아닌지 생각해 보아야 할 것이다. 에어컨을 사용하면서 내가 누린 안락함이 결국 누군가의 고통으로 인해 가능한 일이고, 내가 먹고 있는 지금 이 음식이 만들어지기까지는 누군가의 땀 흘린 수고로 가능한 일이다. 지금 눈앞에 보이는 어떤 사실의 결과가 만들어지기까지는 여러 가지의 원인과 시간이 지나면서 여러 과정을 거쳐서 만들어진 것이라는, 그런 깊이 있는 생각을 하도록 평소에 훈련되고 교육받아야 한다. 그런 교육을 받으면 감성적인 달콤함과 작은 감정적인 사건에도 흔들리지 않고 한 번 더 그 진정한 원인이 어디에 있는지, 그리고 그런 문제의 해결 방법에 대하여 사려 깊은 사고를 통하여 문제의 핵심을 찾아낼 수 있는 능력이 생길 것이다. 그런 교육이 없었기에 우리의 젊은 세대들은 에어컨의 시원함만을 생각하지, 그 시원함이 어떻게 오는지 그리고 나의 행동이나 생각으로 영향을 받는 우리 사회의 구성원들 생각보다는 내가 편하고 나만 좋으면 된다는 잘못된 생각을 하는 경우가 많다.

 자라나는 미래의 주인공들인 젊은 세대들에게 그런 깊이 있는 사고의 기회를 줄 수 있는 교육하지 못한 부채 세대, 선풍기 세대 등 모든 세대들의 잘못 또한 작지 않다고 할 것이다. 지금이라도 자연의 바람이 통하듯 세대 간의 단절을 해소하기 위해서라도 지나온 역사의 사실을 제대로 가르쳐야 한다. 지금 우리가 몸으로 경험하는 상황이나 눈앞에 마주치는 현실은 단순히 결과로만 받아들여야 하는 것이 아니다. 많은 시간의 축적을 통해서 이루어진 결과로서 그 원인을 제대로 찾고 이해하기 위해서라도 사물의 원리와 생각의 깊이를 키워나가야 할 것이다.

 또 하나 말하고 싶은 것이 있다면 경험해 보지 못한 것은 익숙하지 않다는 것이다. 지금은 가정에서 형제 또는 자매간의 역할을 경험해 볼 수 있는 기회가 많지 않다. 그런데 우리의 교육시스템은 같은 또래만으로 구성된 그룹으로 교육해 오고 있으니 나이를 떠나 상하 간 그리고 장애인 또는 다문화의 사람들과 교류해 볼 기회가 없으니 이들과의 대화에서도 서툴고 해 보지 못한 것에 대한 이질감이 생기는 것이다. 지금이라도 미래에 통하는 세대를 양성하기 위해서는 어려서부터 다양한 사람들과의 함께 생활하면서 그들과 통하는 대화와 활동 등을 같이 해 볼 수 있는 기회들을 많이 만들어 주어야 한다.

결국 생각의 지배를 받는 인간에게 사물의 원리와 남을 배려하는 마음 그리고 사회의 구성원들과 소통하는 경험이 있다면 지금처럼 세대 간 단절, 이웃 간의 단절, 이성과의 단절 등이 아니라 서로가 통하는 사람들이 되어야만 우리의 미래는 보다 희망적이고 웃음이 가득 찬 사회가 될 것이다.

배우다

감정적이고 감성적인 판단에 근거하는 것이 아니라
논리적이고 이성적인 판단을 하는 능력을 키워 주어야 한다.

사람은 보고 배운 대로 한다고 한다. 아니, 사람뿐만 아니라 반려동물, 그리고 농장에서 키우는 소, 돼지, 닭 등의 동물들도 가르치면 배운 대로 한다는 사실을 누구나 다 알고 있다.

그런데 우리는 경쟁에서 이기는 방법을 가르치는 데 관심이 있지, 사회의 구성원으로 어떻게 소통하고 문제를 해결하고 지금의 눈앞에 있는 사물이 만들어지기까지 전체 과정을 가르치는 것에는 부족하지 않은지 되돌아보아야 한다.

우리가 접하는 방송에서는 매일같이 나오는 것이 먹고 여행하고 노래하고 즐기고 하는 감성적인 프로그램으로만 가득하지, 지식의 확장이라든지 인문학을 바탕으로 사고의 폭을 넓히는 그런 프로그램을 잘 볼 수가 없다. 그런 점에 있어서는 영국 BBC 방송을 비교한다면 정말 부럽고 우리가 배워야 할 점이 많은 것이 아닌가 싶다. 예를 들자면 어떤 식품공장을 소개한다면 단순하게 식품공장의 모습이 아니라 그 식품의 원재료가 어떻게 생산이 되어서 어떤 과정을 거쳐 식품으로 만들어지는지 변하는 전체 과정을 보여 준다. 동물의 모습을 보여 준다면 그 동물이 나고 자라는 과정 그리고 살기 위해 사냥하거나 먹이를 구하는 모습 등 삶의 전체 과정을 보여 준다. 단순히 지금의 모습으로 판단하기보다는 전체의 흐름이나 과정을 통해서 지금의 사실이 있기까지 시작 또는 원인을 유추하는 사고력을 키워준다. 이러한 프로그램은 어떠한 사실에 대하여 단순한 감정과 감성적인 판단에 근거하는 것이 아니라 논리적이고 이성적인 판단을 하는 능력을 키워주는 것이다. 우리도 민주사회의 구성원으로서 자질을 키우기 위해서 우리가 매일 같이 접하는 방송 프로그램부터 변화해야 하지 않을까 생각한다.

또 하나의 중요한 것은 배우는 사람을 이끄는 부모의 마음인데, 우리의 부모들은 너무나 조급함과 경쟁을 통해서 이기는 방법만을 습득하는 데 관심이 있는 것 같아 우려된다. 유아에서부터 어린이들을 교육하는 공공기관의 운영위원을 맡으면서 그런 공공기관의 교육 프로그램을 볼 수 있는 기회가 있었다. 우리의 어린아이들에게 가르치기 위한 많은 프로그램이 AR, VR 등의 디지털 기기를 통해 경쟁하는 그런 프로그램들이 대부분이다. 아이들에게는 함께 어울려 자연을 벗 삼아 놀 수 있는 그런 분위기나 환경을 조성해야 한다고 의견을 전달한 적이 있었다. 그런데 그런 프로그램에는 참여하는 어린이가 없다고 한다. 그 이유로는 아이들의 엄마 요청이 디지털로 학습할 수 있는 프로그램을 만들어 달라고 한단다. 그래서 그런 디지털 프로그램을 만들 수밖에 없다고 한다. 디지털로 친구들 간에 재미를 위하여 경쟁하였는데, 게임에 지게 되면 그것이 분하여 우는 아이들이 있다고 한다. 거기에 한술 더해서 그 아이의 엄마가 전화해서는 다음에는 이긴 아이와는 함께 어울리지 않도록 배려해 달라는 요청을 한다니 얼마나 잘못된 생각을 하고 잘못된 교육을 하고 있는지 생각해 보아야 할 것이다.

폴란드에서 생활할 때 네덜란드에서 온 부모님의 이야기 중에 아이들에게 가장 큰 체벌 중의 하나가 학교에 오지 말라는 것이란다. 아니 우리는 학교에 가지 말라고 하면 오히려 좋아할 것 같은데, 학교에 가지 못하게 하는 것이 가장 큰 체벌 중에 하나라니 도대체 학교생활이 어떠하기에 그렇다는 것인지 궁금증이 커져서 왜 그러냐고 물어본 적이 있다. 학교에서는 무엇을 가르친다는 것보다는 재미있게 친구들과 어울려 노는 법을 가르친다고 한다. 의도

된 학습으로 억지 주입식 공부가 아니라 친구들 간에 서로 대화하고 놀 수 있는 능력을 함양시키니 사회에 진출해서도 누구와도 잘 어울려 지낼 수가 있는 것이고 그것이 바로 행복하게 살 수 있은 민주사회의 구성원을 양성하는 교육기관이 해야 할 올바른 역할일 것이다.

그런데 우리의 젊은 부모님은 벌써 경쟁에서 이기는 우리 아이의 미래를 생각하고 남보다 선행해서 가르치는 것에 관심을 둔다. 친구와의 경쟁에서 지더라도 경쟁에서 이긴 친구를 축하해 주고 다음 기회에 이길 수 있는 노력 하도록 가르치는 것이 당연할 것인데, 그 경쟁자와는 어울리지 않도록 단절 하는 교육을 하겠다는 어리석은 생각을 하고 있다. 이러니 우리 교육의 위기 라고 하지 않을 수 없다.

세상의 모든 일에는 목표가 있다. 우리의 젊은 부모님들의 마음속에서 교 육의 목표는 경쟁에서 이기는 아이를 만들고 싶은 것이 아닐까? 그런 점에서 는 우리의 국민 교육헌장을 다시 한번 생각해 보면 좋겠다.

국민교육헌장

우리는 민족중흥의 역사적 사명을 띠고 이 땅에 태어났다. 조상의 빛난 얼을 오늘에 되살려, 안으로 자주독립의 자세를 확립하고, 밖으로 인류 공영에 이 바지할 때다. 이에, 우리의 나아갈 바를 밝혀 교육의 지표로 삼는다.

성실한 마음과 튼튼한 몸으로, 학문과 기술을 배우고 익히며, 타고난 저마다 의 소질을 계발하고, 우리의 처지를 약진의 발판으로 삼아, 창조의 힘과 개척 의 정신을 기른다. 공익과 질서를 앞세우며 능률과 실질을 숭상하고, 경애와 신의에 뿌리박은 상부상조의 전통을 이어받아, 명랑하고 따뜻한 협동 정신을 북돋운다. 우리의 창의와 협력을 바탕으로 나라가 발전하며, 나라의 융성이 나의 발전의 근본임을 깨달아, 자유와 권리에 따르는 책임과 의무를 다하며, 스스로 국가 건설에 참여하고 봉사하는 국민정신을 드높인다.

반공 민주 정신에 투철한 애국 애족이 우리의 삶의 길이며, 자유세계의 이상을 실현하는 기반이다. 길이 후손에 물려줄 영광된 통일 조국의 앞날을 내다보며, 신념과 긍지를 지닌 근면한 국민으로서, 민족의 슬기를 모아 줄기찬 노력으로, 새 역사를 창조하자.

1968년 12월 5일
대통령 박정희

아직도 이해할 수 없는 것이 이렇게 교육의 목표가 잘 표현된 글을 보지를 못했다. 왜 이런 국민교육헌장이 우리 사회에서 더 이상 낭독이 되거나 기억되지 않는 것인지 알 수가 없다. 우리는 우리가 하고자 하는 일에 명확한 목표를 갖는 것이 중요하며, 우리가 배워야 하는 것은 개인의 승리가 아니라 저마다의 소질을 계발하여 자유와 권리에 따르는 책임과 의무를 다하며, 스스로 국가 건설에 참여하고 봉사하는 국민정신을 드높이는 것이어야 할 것이다.

세우다

어린 시절 누구나 해 보았을 레고 블록으로 원하는 모양을 만들고 작은 블록 하나하나를 세워서 내가 마음속으로 상상하고 생각하는 것을 실제로 만들어 보는 것은 생각보다도 많은 시간이 걸린다는 것을 한 번 정도는 경험해 보아 잘 알 것이다. 그렇게 공들여 오랜 시간이 걸려서 어렵게 만든 어떤 형상도 다시 작은 조각의 블록으로 부수는 데는 정말로 짧은 시간이 걸린다. 하물며 작은 블록으로 나 혼자서 생각하는 무엇을 만드는 데도 이렇게 오랜 시간이 걸리는데, 대한민국이 세계에서 인정받는 국가로 우뚝 서기까지는 그 얼마나 많은 사람의 피와 땀과 정성과 노력을 해야만 가능했을까?

하지만 이렇게 많은 사람이 혼을 다해 만든 훌륭한 국가도 무너뜨리는 데는 그리 긴 시간이 필요하지도 큰 노력이 필요한 것이 아니다. 지금의 대한민국이 만들어지기까지는 많은 사람이 대한민국을 사랑하고 대한민국을 외치면서 때로는 잘살아 보자며 새벽의 별을 보면서 일을 시작하고 밤이 늦도록 잠자리에 들지 않고 내일의 대한민국을 위해 일해 왔기 때문에 가능하였다.

외국에 나가면 모두 다 애국자가 된다는 말은 그만큼 국가의 소중함을 깨우치고 내가 어떤 국가의 국민이냐에 따라 대접이나 대하는 눈초리가 달라지기 때문에 우리의 국가가 잘되어 전 세계에서 인정받는 그런 국가의 국민이 되고 싶다는 뜻이 아니겠는가?

지금이야 세계 어디에서나 볼 수 있는 자랑스러운 대한민국의 기업광고와 제품들이지만, 한때는 해외에서 우리 기업의 광고나 제품을 볼 수 있는 기회가 흔하지 않았다. 여행 중에 어쩌다 우리 기업의 광고를 보게 되면 그것처럼 마음속에서 뭉클해지는 자부심을 느껴 본 적이 없었다. 우리 기업이 만든 제품들이 전 세계로 수출되고 그 품질을 인정받고 있다. 미국 뉴욕의 타임스퀘어의 새해맞이 카운트다운 광고에도 우리 기업의 협찬으로 진행된다. 전 세계의 사람들이 새해를 맞이하는 역사적인 순간에도 우리 기업의 이름을 본다는 것이 이 얼마나 자랑스럽고 뿌듯한 일인가?

미국, 독일, 일본의 멤버와 자동차 부품과 관련하여 공동구매팀을 형성하여 활동하던 시절에 독일의 아우토반을 달리면서 현대 자동차가 지나가는 모습을 보고 나도 모르게 '현대다!'라고 소리치며 다른 멤버들에게 저기 현대차 보라고 하였던 일이 그리 먼 옛날이 아니다. 그런데 이렇게 세계에서 인정받는 자동차 브랜드로 성장하기까지는 그 얼마나 많은 사람의 노력이 있었는지를 관해서는 레고 블록으로 자동차라도 만들어 본 사람이면 분명히 알 것이다. 우리 기업들이 이렇게 성장하기 전까지는 우리는 해외에 나갈 기회도 없었다. 해외 출장이나 여행을 갈 기회가 있다면 우리의 제품을 믿지 못해 외국의 제품을 선호하고 외국산이라면 무조건 좋아하고 외국산의 물품을 구매해달라는 부탁을 수없이 받기도 하였다. 그럼 누가 지금의 우리를 만들었을까? 아마도 해외에 한번 가보지 못한 사람이 없고 비행기를 한번 타보지 못한 사람이 거의 없을 것이다. 정치인인가? 기업인인가?

한때 유명기업인이 "마누라를 빼고는 다 바꾸자."라며 혁신적인 발상을 하면서 우리의 정치는 삼류라고 말하여 곤욕을 겪기도 하였다. 우리의 기업이 아니었더라면 지금의 우리가 세계에서 인정받을 수 있었을까? 그렇다면 당연히 기업인들의 노고에 감사하고 기업인들을 존경해야 하는 것이 마땅하지만 기업인들 특히 재벌들을 나쁜 사람들로만 묘사하고 그들을 비하하고 있다. 정치인은 기업을 규제하려는 법규만 자꾸 만들고 있다. 기업이 성장할 수 있는 환경을 만드는 것이 아니라 기업들을 자신들의 입김이 미치도록 하여 자신의 권력을 강화하려는 노력만 하고 있다. 이러한 우리의 현실을 국민이 제대로 알고 바로잡아야 한다.

우리가 보아왔지만, 세계 1위의 기업이라 하여 항상 그 자리를 지킬 수 있는 것이 아니다. 최고 경영자의 결정 하나가 결국 기업의 운명을 세계 최고의 기업으로 성장하도록 하거나 아니면 영원히 회복 못할 수준의 기업으로 추락하는 수많은 사례가 있다. 세계 최고라던 노키아도 그랬고 카메라 필름의 대명사 코닥도 그랬고 LCD TV를 가장 먼저 개발하였던 도시바도 지금은 고객의 기억 속에서 사라졌다. 세계 최고의 전자 회사라던 소니도 그 명성을 내놓은 지 오래되었다.

그래서 우리가 지금 1등을 한다고 안주하고 있을 것이 아니다. 어떻게 하던 1등의 자리를 지키고 더 많은 1등 기업이 탄생할 수 있도록 국민이 성원하고 지원하여야 한다. 과연 현실은 어떠했는지 그동안의 정치인들이 기업을 위해 어떤 일을 했었는지 여러분은 잘 알고 있을 것이다. 세계 1위로 도약할 수 있었던 원전 관련 사업을 환경이라는 명목과 과장된 위험으로 탈원전이라며 지원을 끊어버렸다. 그러면서 우리가 사용하지 않겠다고 선언한 원전을 해외에서 팔겠다고 하였다. 그럼 어느 국가에서 우리가 만든 원전 시설과 기술을 신뢰하고 채택할 수가 있을까? 결국 원자력 관련 학과의 학생들이 자퇴하거나 지원하는 학생들이 없어서 원자력 관련 기술자의 맥이 끊길 위험에 처하였다. 그동안 많은 일자리를 창출하였던 관련 기업들이 도산하는 사례까지 발생하지 않았느냐? 국민에게는 반기업 정서를 조성하면서 북한에 대해서는 우리를 위협하는 핵 개발이 없다며 지원을 아끼지 않으려고 하면서 자기 가족을 해외에서 공부하도록 조치를 한 그런 대통령이 있었다. 이런 대통령이 야말로 바로 양계장 주인형인 것이다.

과거는 우리의 부모님 시대였고 현재는 중장년의 시대였다면 미래는 청년인 젊은이들의 시대가 될 것이다. 우리의 부모님들은 부채를 들고 선풍기, 에어컨을 만드신 덕분에 여러분들이 혜택을 보고 있기에 여러분은 더 나은 미래를 준비하고 만들어 가도록 에어컨보다 더 나은 무엇을 만들어야 하는 것이다. 그런데 지금 가진 에어컨도 못마땅하다며 헬조선, 국뽕이라며 부채 하나로 오늘의 대한민국을 만든 우리의 부모님을 욕하고 탓하고 불평불만으로 남을 비난하고 나만 괜찮으면 된다는 개인주의를 가지는 순간 우리의 부모님이 만들어 놓은 지금의 자랑스러움은 쉽게 무너지고 다시는 회복할 수 없는 어려움이 찾아올지도 모른다.

미래의 주인공인 젊은이들이여 그대들이 해야 할 일은 대한민국 국민으로서 국민교육헌장에도 명시되어 있듯이 우리의 창의와 협력을 바탕으로 나라가 발전하며, 나라의 융성이 나의 발전의 근본임을 깨닫는 것 즉 개인의 발전도 중요하지만, 나라의 발전이 더욱 중요하다. 나의 능력과 협력을 통하여 나라를 발전하도록 기여하는 것이 중요하다. 그 나라가 바로 우리 대한민국이다. 그리고 협력하기 위해서는 더 이상의 파업이나 시위 등을 멈추어 우리의 미래에 사용할 재원을 엉뚱한 사회적 비용으로 소모하는 것을 막아야 한다. 우리가 바라는 자유, 공정, 공평, 정의를 실현하기 위해서라도 잘못된 법치를 바로 세우고 기본을 바로 세워야 할 것이다.

머물다

"
알을 깨는 아픔을 겪듯 배움의 자세를 가질 때 발전하고 성공할 수 있다.
"

인생은 잠시 머물다 떠나가는 것인지 모른다. 그 머무는 자리를 어떻게 하느냐에 따라서 인생의 삶에 대한 평가가 달라지는 것이다. 살아 있는 동안 사람들은 끊임없이 배우고 공부하고 소통하고 부족함을 메꾸어 나아가면서 발전을 하는 것이다. 그런데 많은 사람은 타인의 생각을 수용하고 자신의 부족함을 되돌아보고 생각의 깊이를 넓혀 가기보다는, 자신의 주장을 남에게 전파하는 것에 앞장서는 것이 일반적인 사람들의 모습일 것이다.

이것은 개인도 마찬가지이겠지만 기업도 자신들의 생각에만 머문다면 발전이 없을 것이고 경쟁에 뒤처지게 되는 것이 분명한 사실일 것이다. 데미안에서 알을 깨는 아픔을 겪어야 새로운 세상을 맞이하는 것처럼 개인이든 기업이든 새로운 세상에 대한 문호를 열고 소통하면서 배움의 자세를 가질 때 발전하고 성공할 수 있다고 믿는다.

한때 현대자동차에 대한 평가가 지금처럼 좋지만은 않았다. 현대자동차가 포니를 생산하여 미국에 수출할 때 광고가 어떤 사람이 자동차를 사러 갔다가 한 대의 가격으로 두 대를 사서 온다는 식으로 광고하였던 시절이 있었다. 품질보다는 가격이 저렴하다는 점을 강조하면서 수출을 시작하였다. 미국에서 만난 닛산 자동차 업체의 관계자가 현대차 보고 "그게 차냐?"라고 비하하듯 말하던 시절도 있었다. 폴란드에서 대부분 주재원이 유럽의 차를 살 때 현대차를 사겠다고 말하니 현지인 직원들마저 오히려 반문하며 현대차 차 사는 것을 반대하였다. 그런 현대자동차와 기아차는 이제 글로벌 시장에서 품질을 인정받고 전 세계인의 사랑을 받는 자동차가 되었다. 만약 그냥 그 자리에 머물렀다면 있을 수 없는 일이었을 것이다. 드러나지는 않았지만 남다른 노력을 하였기에 가능한 일이었다. 물론, 이미 세계적으로 디자인 능력을 인정받고 있는 '피터 슈라이어'[39]와 '루크 동커볼케'[40] 등의 뛰어난 디자이너들을 영입하는 등의 남다른 시각으로 앞서갔기에 가능한 일이다. 나 또한 현대의 작은 거인을 직접 경험하였기에 오늘의 현대자동차 기아자동차가 가능하였다는 사실을 이해할 수 있다. 그런 경험에 동참할 수 있었다는 사실을 자랑스럽게 생각한다. 그런 자부심이 있었기에 현대 기아차에 대한 다른 사람들의 평가에 흔들리지 않고 현대자동차 브랜드의 차량을 자신 있게 구매할 수 있었다. 이 자리를 빌려서 나의 생각에 동조하여 현대자동차 차량을 구매해 준 동료였던 송 차장과 스타리온 폴란드 법인 멤버들에게 감사의 인사를 전하고 싶다. 오늘의 현대자동차가 있도록 작지만 기여를 하였다는 자부심을 자랑스럽게 생각한다.

남아공 광산의 근로자 파업으로 자동차 촉매에 사용되는 귀금속 가격이 폭등하면서 현대자동차의 이용도 부사장님에게 원자재 폭등에 대한 원인과 대책을 발표한 적이 있다. 약 40분간의 자료를 중심으로 숨죽인 발표가 끝나는 순간, 이용도 부사장님의 한마디는 나의 귀를 의심하게 했다. '발표 잘 들었고 무조건 싸게 사세요.' 이 무슨 억지 주장 같은 말일까? 귀금속은 엄연히 국제 가격이 정해져 있어 정해진 국제 가격에 구매를 하는 것이지, 누구나 싸게 사고 싶은 생각을 하고는 있지만, 그냥 싸게 사라는 말 한마디에 어떤 반응을 해야 할지 당황스러웠다. 그런데 그다음의 조치가 놀라웠다. 오늘의 현대

---

39   아우디 TT 디자인 개발로 잘 알려진 독일의 자동차 디자이너로 기아자동차 디자인 총괄사장이다.
40   아우디, 벤틀리, 람보르기니를 거쳐 현대 제네시스의 디자이너로 활동하고 있다.

자동차가 있도록 한 작은 거인의 대응조치가 아닌가 생각한다. 만약 그저 싸게 사라는 말 한마디로 끝났다면, 그는 보통의 경영인이었을 것이다. 작은 거인인 이용도 부사장님은 그 자리에 머무는 것이 아니라, 바로 구매실장과 연구소장에 전화하였다. 다른 글로벌 자동차 업계에서는 어떻게 하는지 동향을 파악하여 3개월 한 번씩 경쟁 자동차 업계의 동향과 원자재 가격 동향을 조사 발표하라고 지시하였다. 아울러 조사된 내용을 바탕으로 향후 엔진 개발에 선행 적용할 수 있도록, 분기별로 조사한 내용을 구매팀과 연구소 전 직원을 대상으로 공유하도록 지시하였다. 나에게는 신선한 충격이자 오늘의 현대자동차와 기아자동차가 있을 수 있도록 글로벌 변화에 선행 대응하도록 한 조치라고 믿는다.

세상의 일은 콜럼부스의 달걀처럼 알고 나면 아주 단순하고 사소한 비밀일 뿐이다. 하지만 누군가 그런 단순하고 사고한 일을 생각하는 것은 어려운 것이다. 그 작고 사소한 것이 세상을 바꾼다. 아무도 기대하지 못했던 그 지시로 분기별로 귀금속 포럼이 열리게 되었다. 귀금속 구매 담당자였던 나도 몰랐던 새로운 글로벌 동향과 자동차 업체에 관하여 이런 활동으로 많이 알게 되었다. 대외적으로도 부사장님의 지시는 중요한 사건이었지만 대내적으로 현대차와 기아차의 멤버들 사이에는 해외의 자동차 업계 동향을 알려고 노력하는 계기가 되었다. 자연스럽게 영어 공부에 관심을 두게 되었다. 선행적인 엔진 개발 적용으로 원가절감 실적이 올라가면서 귀금속 포럼에 참여하였던 모두에게는 자신감을 가지는 계기가 되었다.

작은 거인 이용도 부사장님의 그런 결정이 아니었다면 그저 우물 안의 개구리처럼 똑같은 방법으로 글로벌 경쟁에서 적을 정확히 알지 못하고 고객의 요구 상황도 모르면서 변화하는 환경보다는 우리의 생각만으로 미래를 준비하면서 현실에 만족하고 그 자리에 머물기만 하였을 것이다. 그렇다면 절대로 미래의 경쟁에 선두에 설 수 없다는 현실을 체험한 것이다. 그래서 절대 머무는 것이 아름다운 것이 아니라는 사실을 말하고 싶다.

굳는다

자신만의 생각이 옳고 자신의 믿음은 절대 틀릴 수 없다는
잘못된 굳음이 없도록 서로 배려하고 소통해야 한다.

세상에서 가장 두려운 일은 어떤 것일까? 많은 두려움이 있을 수 있지만, 몸이 굳는다는 것은 결국 죽음을 의미하는 것일 수 있기에 두려운 일 중의 하나이다. 때로는 몸이 굳는 것처럼 생각이나 마음이 굳게 된다면 결국 세상을 혼자만 살아가는 외톨박이가 되는 것이니 이 또한 두려운 일이다.

만일 어느 날 갑자기 내 몸이 내가 생각하는 대로 움직이지 않는다면 어떤 마음이 들까? 세상을 살면서 우리의 주변에서는 원하지 않지만, 선천적인 질병보다는 불의의 사고로 인하여 이러한 일들을 겪는 사람들이 많이 있다. 하지만 대부분은 자신과는 무관한 일이고 가까운 친구나 가족들이 그런 나쁜 상황에 부닥치지 않는다면 이런 일들을 잘 알지 못한다. 그래서 자신에게는 절대로 그런 일이 없을 것이라는 막연한 기대를 할 수는 있다. 그러나 언제 어디서 우리는 모두 어떤 일을 겪을지 아무도 장담 못한다. 그래서 가능하면 그런 위험을 피하기 위한 노력을 게을리하지 말아야 한다. 주변을 살펴보면 불의의 사고를 당하기 전에는 그저 귀찮고 아무렇지 않게 생각하였던 헬멧, 안전벨트, 구명조끼, 에어백 등이 비상시에는 엄청난 힘을 발휘하여 순간적인 사고의 현장에서 때로는 생사를 달리하는 중요한 역할을 하는 도구들이며 점점 더 그런 안전을 위한 도구들이 늘어나고 있는 것이 최근의 경향일 것이다.

몸이 굳는다는 것이 두려워 우리는 많은 안전 도구를 비롯한 안전 장비를 개발하여 몸을 지키려고 노력한다. 그런데 몸을 움직이는 마음이 굳지 않도록 어떤 노력을 하는지를 한 번쯤 생각해 볼 필요가 있지 않을까? 많은 사람에게 이 질문을 던진다면 분명히 들을 수 있는 대답은 유튜브를 열심히 보고 있다는 말을 들을 수 있을 것이다. 언론이라면 정통적으로 신문 · 라디오 · 텔레비전 · 잡지 등 객관적인 사실을 알리고 전파하는 매체로 이해하였는데, 어느 순간부터 공정하고 균형 잡히고 정확하게 사실을 알리는 역할이 아니라 정파에 따라 보도의 비중이나 표현의 문구가 달라지고 있다. 그러한 정통적인 언론 매체에 대한 반감이 커지고 반대급부적으로 같은 사실을 두고도 유튜브라는 극명하게 의견이 나누어진 주장을 담은 내용에 대한 선호도가 더 높아지고 있다. 결국 유튜브를 통한 정보 습득은 확증편향의 현상을 증가시키고 있다. 자신의 신념이나 생각에 비슷한 의견을 가진 내용만을 선택적으로 보려는 경향이 커지고 있다. 같은 정보라도 자신의 주장과 동조하는 내용만 보고 다른 의견을 가진 사람들은 무조건 배타적으로 대하려는 행동이야말로 생각이 굳어지는 현상으로 볼 수 있지 않을까?

　내가 내 몸을 내 생각대로 움직일 수 없는 경우를 장애라고 표현할 수 있을 것이다. 불의의 사고나 질병으로 인하여 어느 순간 갑자기 자기 몸을 자기 생각대로 움직일 수 없는 순간을 맞이하면 가장 먼저 생각하는 것이 무엇인지는 여러분들도 잘 알 것이다. 하지만 그런 상황을 맞이하여도 극복하고자 하는 의지를 갖고 마음을 바꾸는 계기가 있다. 자신을 사랑하는 가족들의 손길과 세상에는 나보다 더 어려운 상황을 겪으면서 최선을 다해서 살려고 노력하는 사람들이 많다는 것이다. 그렇게 노력하는 사람들과 함께 생활하면서 내가 알지 못했던 사실을 배우게 되고, 나의 어려운 점들을 나누면서 마음의 짐과 고통을 덜어낼 수 있다는 것이다. 우리는 본인이 직접 경험하기 전에는 이러한 어려운 상황을 맞이한 사람들이 있다는 사실을 잘 모른다. 그래서 그런 사람들을 이해하려는 노력이 부족한 것도 사실이다. 하지만 더불어 살아가는 세상을 위해서, 우리가 우리보다 어려운 처지 사람을 돌보고 우리가 함께 살아가는 지구촌의 가족의 한사람으로 받아들이는 노력을 해야 한다. 그런데 아직도 장애인 시설을 기피 시설로 내가 사는 곳 가까이에 생기면 안 된다고 생각하는 사람들이 다수를 차지하고 있다. 이런 마음을 가진 사람이야말로 생각이 굳은 사람이 아닐까?

한때 유명기업인이 "세상은 넓고 할 일은 많다."라고 했는데, 세상에는 내가 알지 못하는 사실들이 너무나도 많고 또 내가 배워야 할 세상은 너무 많은 것이 아닐까? 우리가 지금까지 중요하게 생각하는 보이는 물질 중심의 세계는 어쩌면 시기와 질시가 가득할 수도 있다. 하지만 우리의 정신과 마음의 세계는 세상을 향해 열려 있다면 담을 수 있는 세상은 무한하게 넓고도 크다. 이런 정신의 세상을 탐구한다면 보이는 물질로 생기는 시기와 질시를 넘어서 마음의 평화를 통한 진정한 행복을 느낄 수가 있지 않을까? 세상을 바라보는 마음이나 생각이 바뀐다면 어떤 어려운 환경 속에서도 미래에 대한 희망을 꿈꾸며 기쁨을 느낄 수가 있다. 비록 몸은 고단하고 힘들지만 남을 위해 손을 내밀고 내미는 손을 잡고 도움에 고마워하는 누군가가 있다는 사실에 또 다른 행복을 느낄 수가 있을 것이다. 생사의 갈림길에서 나의 소중한 생명을 희생하면서 남을 위해 기꺼이 자신의 모든 것을 바칠 수 있는 사람들이 있을 것이다. 옳고 그름에 대한 명확한 판단 기준에 대한 자신만의 가치가 확립되어야 한다. 한쪽으로 기울어진 편향된 생각에 함몰되는 것이 아니라 잘못된 균형을 언제나 바로 잡을 수 있는 균형추를 가져야 한다. 그러면 균형추를 가진 선박처럼 절대로 한쪽으로 치우쳐 자신만의 생각이 옳고 자신의 믿음은 절대 틀릴 수 없다는 잘못된 굳음이 없을 것이다. 우리가 우리 신체에 대한 안전도구나 장치를 개발하듯 마음과 생각이 굳지 않도록 서로서로 격려하고 배우고 배려하고 소통하면서 함께 미래로 나아가는 자유민주주의 시민으로 성장해야 할 것이다.

흐르다

강물이 흐르듯 역사도 흐른다.
흐르는 강물에 어떤 물로 채우느냐는 우리가 할 일이다.

강물은 끊임없이 흐르듯이 시간은 지금, 이 순간에도 흐르고 있다. 존경하는 시인 〈구상〉은 "우리는 날마다 새 강과 새 사람을 만나면서 옛 강과 옛사람을 만나는 착각을 한다."라고 했다. 우리가 새 강과 새 사람을 만나기 위해서는 우리 자신도 새로운 사람은 변모해야 하지 않을까? 언제나 닭장 속에 갇힌 닭처럼 생각이 갇히고 마음이 굳어 다른 새로운 사실을 받아들일 준비가 되어 있지 않은 그런 사람이 될 것이 아니라 나쁜 것과 과거의 것은 흘려보내고 항상 새로운 것을 맞이할 준비를 하여야 할 것이다.

세상을 살면서 내가 정말 중요하고 나만 있으면 되지 않을까 하는 생각이 들 수도 있다. 하지만 우리는 예부터 가문을 중요시해 왔고 그러하였기에 족보를 소중히 여기고 후손들에게 대를 이어 가문을 빛내고 영광을 이어가도록 가르친다. 그리고 가문의 자손임에 자부심을 느끼도록 하였다. 그러하기에 나 혼자라면 자칫 아무렇지 않게 행동하거나 잘못을 저지를 수 있는 상황에서도 가문의 후손임을 명심하여 올바르게 살려고 노력하였다. 그뿐만 아니라 후손들에게 올바른 길을 가도록 제대로 가르치는 것을 게을리하지 않았다. 지금도 기억하고 있는 IMF사태[41] 때 우리가 나 혼자만 잘 살겠다는 생각을 가졌다면 우리 대한민국은 파산하였을지도 모른다. 우리가 맞이하였던 국가부도라는 경제적 위험 사항에서 우리는 개인보다는 국가 전체를 생각하였

---

41   1997년에 발생한 외환 유동성 부족으로 국가부도 위기를 말함.

다. 그래서 똘똘 뭉쳐 어려움을 극복하고 지금의 대한민국으로 거듭날 수 있었다. 또다시 그런 국가 위기 상황일 때에도 그때와 같이 내가 아닌 국가를 위해 내가 가진 금붙이를 내놓을 수 있을까?

최근 계엄이라는 국가 위기 상황을 맞이하면서 원화의 가치가 폭락하였다. 해외여행을 계획하였던 사람들이나 해외에서 생활하는 가족을 둔 사람들의 삶에 조국 대한민국이 어떤 상황이냐에 따라 나의 삶에도 직간접으로 많은 영향을 받는다는 사실을 깨우쳤을 것이다. 운이 좋게도 회사에서 보내주는 교육 프로그램의 하나로 캐나다 밴쿠버에 소재한 UBC(University of British Columbia)에서 글로벌 비지니스 과정의 교육을 받았다. 교육의 시기에 한국에서는 IMF사태가 발생하였다. 기분 좋게 교육을 함께 온 사람 중에는 한 푼이라도 아끼겠다고 출장비를 원화로 그대로 두고 카드로 사용하고 나중에 결제하겠다고 생각했던 사람도 있었다. 그리고 예상한 경비보다도 적게 외화로 환전한 사람들도 있었다. 그들 모두에게는 교육은 뒷전이었다. 거의 두 배로 올라간 환율 때문에 숙소로 있는 호텔에 머무는 일마저도 고민해야 하는 어려움을 겪게 되었다. 나의 경우에는 예산에 맞추어서 적정하게 환전하였지만, 물건을 살 때나 음식값을 지급할 때마다 원화로 얼마인지를 계산하는 버릇이 생겼다.

그러던 중 IMF가 절정의 시기에 교육의 마지막 과정으로 샌프란시스코를 자유 여행으로 가는 기회가 있었다. 여행을 마치고 밴쿠버로 돌아가는 샌프란시스코 공항에서 배고픔을 달래려 음식의 가격을 물었다가 2배로 오른 음식을 차마 사 먹을 수는 없었다. 마침 공항 활주로에는 석양으로 노을이 지는 아름다운 광경이 정말 멋진 모습이었다. 창을 통해 바라보는 활주로의 석양을 보다가 조국의 중요성을 깨우치고 눈물을 흘렸다. 내가 선택할 수 없는 나의 조국이지만 나의 뿌리인 가문과 마찬가지로 아무런 영향이 없을 것 같았던 조국의 상황이 나에게 막대한 영향을 미친다는 사실을 깨우친 것이다. 물론 내가 잘못한 것은 아니지만, 내가 어디에 있던 결국 대한민국 국민이라는 것과 대한민국의 상황에 따라서 영향을 받을 수밖에 없다는 것이다. 때에 따라서는 내가 선택한 것은 아니지만 내가 속한 조직이 나에게는 막대한 영향을 미친다는 것이다. 조직의 그늘에 있을 때는 잘 모르지만, 대외적으로 그 조직의 대표 역할을 할 때는 내가 소속된 조직에 따라 엄청난 영향을 받는 것이다. 그래서 눈물을 흘리면서 다짐한 것이 나의 조국 대한민국의 발전을 위해 기여하는 사람이 되겠다는 것이었다. 새삼 국민 교육헌장의 문구인 "우리의 창의와 협력을 바탕으로 나라가 발전하며, 나라의 융성이 나의 발전의 근본임"을 깨닫는 것이 얼마나 중요한 것인지 눈물을 흘리면서 경험하였다.

우리가 해야 할 일은 또다시 이렇게 눈물을 흘리는 아픔을 겪지 않도록 하는 것이 중요하다. 그러기 위해서라도 지금 우리 눈앞에 흐르는 강물들은 흘러가고, 내일이면 또 다른 강물로 채워지겠지만 우리에게 아픔을 주는 강물이 아니라 기쁨과 행복을 주는 강물로 변하도록 우리가 노력해야 할 것이다. 그저 바라만 보는 강물이 아니라 누구든지 먹고 마시고 몸을 담그고 싶은 깨끗한 물로 채울 수 있다면 그것보다 더 좋을 수는 없을 것이다. 역사와 시간은 끊임없이 흐르지만, 우리가 변하지 않고 우리가 바뀌지 않는다면 우리의 눈앞에 흐르는 강물 또한 바뀌지 않을 것이다.

이 순간만을 생각한다면 저 흐르는 강물이 나와 무슨 상관이 있을까? 라는 생각을 할 수 있겠지만 강물이 흘러가듯 역사는 흘러가 우리의 맥은 이어질 것이다. 저 흘러가는 강물의 흐름을 바꿀 수 있는 것도, 그 강물이 어떤 물로 채워지도록 하는 것도 우리가 해야 할 일이다.

나
가
다

젊음은 과거에 얽매인 것이 아니라 미래로 나아가는 것이다. 미래의 주인 공은 지금 자라고 있는 아이들과 한참 푸르름을 자랑하는 젊은이들의 것이기에 미래세대는 미래에 대한 꿈과 희망으로 가득 차야 한다. 과거에 얽매여 옛날에는 어떠했다는 것은 그리 중요한 것이 아니다. 다만 과거에서 우리는 경험을 얻고 잘못된 점을 개선하고 과거에 경험하였던 똑같은 실수를 반복하지 않으면서 언제 닥칠지 모르는 미래의 위험에 대비해야 하는 것이다. 그래서 과거의 경험을 통해서 미래를 준비하는 자세가 필요하며 직접 경험해 보지 못한 과거의 이야기를 우리의 부모님 세대에게서 들어야 하는 것이다.

그래서 제안해 보고 싶다. 우리의 부모님 세대에서는 잘살아 보자는 기치로 '새마을 운동'을 통하여 경제적 안정과 물질적인 성공을 가져왔으니, 이제는 '새마음 운동'으로 정신적인 부흥을 통하여 또다시 도약의 기회를 마련하기를 바란다.

'새마음 운동'을 하기 위해서는 우리의 젊은이들이 축적하지 못한 과거의 경험과 지식을 어른 세대를 통해 전수할 기회를 마련해야 할 것이다. 그렇게 경험을 전수할 방법으로 우리의 서당 제도를 활용하면 어떨까 싶다.

우리에게는 서당이라는 훌륭한 교육제도가 있었기에 지금 성공의 바탕이 되었다. 서당교육은 수평적인 교육이 아니라 수직적인 교육 방식으로 여러 계층 또는 나이를 아울러 함께 교육하였다. 주입식이 아니라 토론식으로 자기 생각과 주관적인 지식을 발표하는 방식이었다. 보통의 가정에서는 하기가 힘들었던 예절교육에서 우리의 역사, 고전 등을 훈장이라는 전문적인 지식을 갖춘 스승을 통해서 배움의 기회를 만들었다. 그래서 가정의 부모님들이 할 수 없었던 사회 구성원으로서의 기본 소양을 함양[42]할 수 있는 기회를 제공하였다.

우리에게는 산업의 현장에서, 전쟁터에서, 해외에서 수많은 사례를 경험한 부모님 세대의 선배들이 많이 계시지만, 지금은 세대 차이라며 그분들의 이야기를 들을 기회를 스스로 차단하는 어리석은 분위기가 있다. 더군다나 예전에는 많은 형제자매 간의 삶을 통해 다툼과 화해하는 방법 그리고 나보다 나이 많은 상위자에게 갖추어야 할 기본예절을 배울 수 있는 기회가 있었다. 하지만 혼자 또는 많지 않은 형제자매들 속에서 자란 아이들이 조직사회 속에서 꼭 필요한 소통 방법과 사람과의 관계에서 당연히 생길 수밖에 없는 갈등과 이를 해결하는 방법 등에 대해 경험해 볼 기회가 없다. 홀로 자란 아이들은 자신만 소중하다고 생각한다. 그렇게 대접받고 자라온 아이들이 사회에 진출하여 겪게 되는 갈등을 해결할 방법을 모른다. 그러하기에 때로는 조절할 수 없는 분노로 폭력적인 사람이 되거나 때로는 홀로 삼키고 삭히며 참고 참다가 결국 극단적인 선택까지 생각하게 되는 것이다.

또한 생업 전선에서 바쁜 부모님이 우리 고유의 예법이나 알아야 할 기본

---

42   능력이나 품성, 인격 등을 길러 발전시키고 갖추는 것.

상식을 가르칠 기회가 없다. 그래서 잘못된 생각에 물들기도 하고 마약, 도박 등의 순간적인 충동에 물들어 영원히 헤어날 수 없는 길을 걷기도 하는 것이다. 그래서 서당의 제도를 활용하여 사회적으로 경험이 많고 지식과 예절을 갖춘 부모님 세대의 능력 있는 분들을 옛날의 서당 훈장님처럼 모셔서 가정에서 할 수 없는 일정 부분의 교육을 대행하도록 하는 것이다. 그러면 우리의 공동체는 지금보다는 기본적 예절을 갖추고 남을 배려하는 문화가 형성될 것이다. 그뿐만 아니라 갈등 때문에 좌절하는 것이 아니라, 지혜롭게 해결할 수 있는 사회 구성원들로 채워질 것이다. 우리의 구성원들이 지혜롭고 예의를 갖춘 사람들로 변모한다면 우리의 장래는 밝을 것이다.

그뿐만 아니라 그동안 한민족 그리고 단일민족이라는 점을 우리는 강조했지만 이미 많은 외국인이 우리와 함께 생활하는 시대가 되었다. 그런데 이들에게 우리가 함께 살아가기 위한 기본적이고 반드시 알아야 사회 구성원으로서의 교육은 하지 않고 있다. 단순히 우리가 싫어하고 어려운 일만을 대신하게 한다면 언젠가는 또 다른 갈등을 겪을 수밖에 없을 것이다. 그래서 지금부터라도 우리는 위대한 대한민국을 함께 건설하자는 목표를 가지고 대한민국의 국민으로서 또는 대한민국에서 살아가기 위한 기본 소양에 대한 교육을 소홀히 해서는 안 될 것이다.

어려운 세대를 살아온 우리의 기성세대 또한 내가 어른이라며 기득권만을 주장해서는 안 된다. 나이가 많은 연장자라고 하여 어른이 아니다. 어른은 올바른 마음을 갖고 잘못하는 이가 있다면 꾸짖을 수 있으며, 우리의 공동사회가 올바른 방향으로 가도록 이끌어 주시는 분이다. 우리가 함께하는 국가와 사회가 발전하고 더 좋은 방향으로 갈 수 있도록 이끌어 주시는 어른과 이를 믿고 따르는 미래세대들이 서로 소통하고 함께 손잡는다면 우리의 미래는 희망으로 밝을 것이다.

　그리고 연장자들이나 기득권 세력들은 대한민국의 미래를 위해서 미래세대에게 내가 지금 받는 혜택을 양보하여야 한다. 내가 받는 혜택을 양보하여 미래의 대한민국 발전에 기여하는 밑거름으로 생각하고 서로가 양보하고 배려하여야 한다. 나만 괜찮으면 된다는 잘못된 생각을 과감하게 탈피하고 우리가 예전에 하였던 것처럼 우리 모두 함께 대한민국이라는 울타리 아래서 우리는 하나가 되어야 할 것이다. 언젠가는 강물이 흐르듯이 지금의 일들은 기억에서 사라지거나 추억으로 남겠지만 미래세대에게 그리운 이름으로 남는 그런 아름다움을 남길 수 있는 어른이 많아지기를 간절히 바란다. 또 우리가 해야 할 일은 세대 차를 탓할 것이 아니라 세대마다 가진 특성과 문화를 잘 이해하고 서로가 잘 조화하여 힘을 합쳐야 한다. 지금의 편안함과 소모적인 낭비보다는 미래에 좀 더 큰 결실을 거둘 수 있는 나무를 심는 마음으로 지금은 땀 흘려 씨를 뿌리고 나무를 심어야 할 것이다. 공짜라는 것에 맛을 들여 나만 혜택 보면 그만이지 하는 생각으로 결국 우리 사회를 멍들게 하여 미래에는 아무런 희망이 없는 국가나 사회를 만들어서는 안 될 것이다.

　거짓말이 용납되어서는 안 될 것이다. 거짓말은 우리 사회의 신뢰관계를 무너뜨릴 것이다. 효율을 중시하면서 작은 것이라도 아끼는 그런 습관을 길러 나가야 한다. 우리가 지금 안전을 이유로 '스쿨존'을 만들고 있다. 그런 제도로 인하여 막대한 사회적 비용을 지출하고 있다. 이에 대해 깊이 있는 검토를 하고 그 효과와 비용을 비교하여 더 좋은 방법이 있는지 항상 생각해야 한다. 어린 학생의 통학 시간에는 '스쿨존'의 속도제한이 의미가 있겠지만, 통학 시간이 끝난 밤늦은 시간에도 속도제한과 신호등 가동으로 인한 비효율적인 차량 운행으로 낭비 요인은 없는지 검토해야 한다. 통학 시간에 신호등이 있는 곳에서도 나이 드신 분들이 깃대를 들고 어린 학생들을 통제하는 모습을 볼 수 있다. 이런 일들도 꼭 필요한 것인지 소통하고 의견 교환하여 이제는 효율적인 방법을 찾아 최대한 아끼고 낭비 요인을 제거하여 미래의 소중한 밑거름과 씨앗으로 활용되도록 해야 한다.

우리가 매번 안전을 외치고 있지만 사고가 반복되고 있는 것은 안전에 대한 기본적인 습관이 안 되어 있기 때문이다. 해외에서는 아무리 지위가 높아도 건설 현장에서는 반드시 갖추어야 할 안전모, 안전조끼, 안전화를 갖추지 않으면 아예 출입할 수 없다. 우리의 건설 현장을 가면 누가 작업자인지조차 구분 안 되는 경우들이 많다. 우리는 도로에서 사고가 나면 아무렇지도 않게 차에서 내려 사고 현장을 돌아보다 2차 사고가 나기도 한다. 해외에서는 삼각대를 세워 사고가 났다는 사실을 반드시 먼저 알려서 뒤따르는 다른 차들에 주의하도록 하고, 도로에 내려서는 사람은 다른 운전자들이 쉽게 알아볼 수 있도록 안전조끼를 입어 또 다른 사고를 예방한다. 우리는 그런 기본을 잘 지키지 않기 때문에 사고가 반복되는 것은 아닐까?

이제는 비평 비난보다는 감사의 마음을 갖도록 하자. 미래세대에 당부하고 싶은 것이 있다면 우리의 자유를 지키기 위해 그 소중한 생명을 바쳐 공산주의의 침입을 막은 그런 젊은이들이 있었다는 사실을 기억하고 소중한 자식 또는 형제를 잃은 그분들의 가족들이 있다는 현실을 알아야 할 것이다.

내 가족이 소중한 만큼 남을 위해 희생한 그런 소중한 분들에게 반드시 감사해야 할 것이다. 우리가 비난하고 싫어하는 일본에서는 지하철 철로에 떨어진 행인을 구하려다 목숨을 잃은 한국인 이수현을 의인으로 추모한다. 얼마나 많은 사람이 그의 희생정신에 감사하고 기억하는지, 이수현 씨의 가족들을 해마다 일본으로 초빙하여 매년 추모행사를 이어가고 있다. 그런데 우리는 한 사람의 목숨이 아니라 대한민국과 우리의 자유를 수호하는 도움을 받고서도 그 도움에 대해 감사는커녕 그런 도움을 기억조차 못하고 있다.

우리가 잘못하고 있는 것이 분명하다. 미래세대들은 대한민국과 자유를 지키기 위하여 희생하신 분들에게 반드시 감사를 표현해야 한다. 그래서 제안하고 싶은 건 대한민국과 자유를 위해서 희생한 분들의 가족들과 혈연을 찾아서 그분들의 한국방문을 추진하고, 한국방문 시에는 국가 유공자에 준하는 대우를 하여 예우하면 좋겠다. 그분들을 만나는 국민 모두 감사와 환영을 표현해야 할 것이다.

인터넷이 없었던 시절에 편지로 '펜팔'[43]을 하고 위문편지를 썼던 것처럼 그분들의 가족들에게 감사의 편지를 적어 보내도록 하자. 우리의 감사한 마음이 전 세계로 전달된다면, 우리가 어려웠던 시절 자유를 지키기 위해 목숨을 걸고 싸웠던 분들은 언제나 우리 대한민국을 응원할 것이다. 물건을 구매해도 가능하면 대한민국 기업의 제품을 구매할 것이고 대한민국의 편이 되어 우리를 알리는 데 도움이 될 것이다. 지금부터라도 우리가 할 일은 우리에게 더 많은 우호 국가들을 만드는 것이다. 세계 사람들이 대한민국과 대한민국 국민이라면 엄지손가락을 치켜들고 누구에게나 환영받도록 하자. 우리는 은혜에 감사할 줄 알고 그 은혜에 보답하는 예의 있는 국민임을 세계만방에 알리자.

---

43 주로 편지를 통해 친분을 유지하는 친구 또는 그 관계.

세상을 편리하게 하는 것은 하드웨어이지만 하드웨어를 움직이는 것은 소프트웨어이다. 인간의 소프트웨어는 정신과 마음으로 그런 정신과 마음이 윤택해진다면 행복이 찾아올 것이라고 믿는다. 물질적인 영역을 넘어서 정신적인 영역인 우리의 혼을 바로 세우고 일깨워 미래에는 대한민국이 전 세계의 중심에 설 수 있도록 하자. 동방예의지국 대한민국 국민은 물질적으로만 잘 사는 나라가 아니라 수준 높은 지적 능력과 훌륭한 혼을 가진 사람들로, 널리 인간을 이롭게 하며, 세계와 인류의 평화와 번영을 위해 노력하는 자랑스러운 한국인으로 세계와 미래로 나아가자.